古典文獻研究輯刊

三三編

潘美月・杜潔祥 主編

第 19 冊

禪茶論典錄（中）

馮 天 春 編著

國家圖書館出版品預行編目資料

禪茶論典錄（中）／馮天春 編著 -- 初版 -- 新北市：花木蘭
文化事業有限公司，2021〔民110〕
目 8+232 面；19×26 公分
（古典文獻研究輯刊 三三編；第 19 冊）
ISBN 978-986-518-635-7（精裝）
1. 禪宗 2. 茶藝 3. 中國文學
011.08   110012089

ISBN-978-986-518-635-7

9 789865 186357

古典文獻研究輯刊
三三編　第十九冊　　　　　　　ISBN：978-986-518-635-7

禪茶論典錄（中）

編　　著　馮天春
主　　編　潘美月、杜潔祥
總 編 輯　杜潔祥
副總編輯　楊嘉樂
編　　輯　許郁翎、張雅淋、潘玟靜　美術編輯　陳逸婷
出　　版　花木蘭文化事業有限公司
發 行 人　高小娟
聯絡地址　235 新北市中和區中安街七二號十三樓
　　　　　電話：02-2923-1455 ／傳真：02-2923-1452
網　　址　http://www.huamulan.tw 信箱 service@huamulans.com
印　　刷　普羅文化出版廣告事業
初　　版　2021 年 9 月
全書字數　434670 字
定　　價　三三編 36 冊（精裝）台幣 90,000 元

禪茶論典錄（中）

馮天春　編著

目

次

第二編　品煮清譚

15 茶酒論

〔唐〕王敷

題解

　　《茶酒論》摘錄於王重民、王慶菽、向達等編錄的《敦煌變文集》卷三，人民文學出版社 1957 年版。此文為唐代王敷撰，然王敷生平事蹟不詳，目前僅知其為唐代鄉貢進士。《茶酒論》的主要內容是將茶、酒、水擬人化，先戲論茶、酒之間引經據典，爭相證明自己更有功勳，更尊隆偉岸；而後水出面以四大和合之理批判二者執心太重，自言若論功勳，誰又能離得了水，故而以後各家應明瞭「兄弟一體」，互相依存彰顯，「永世不害酒顛茶瘋」。此文「禪茶」元素雖僅有地水火風和合之義，但其中茶酒水所爭論的問題卻是禪茶文化中最為突出的「我執」問題。禪茶目的之一是破除我執心，然而禪茶場合卻也往往最易我相畢現處，其表現形式也和茶酒水一樣，多以自我為勝，以禪茶為勝，或論議閒事是非，又或迷於造大師相，反而背離禪茶初衷。故將此文錄於此處，讀之以見自他心，以化自他心，從而深度契入禪茶，真正涵養品格人生。另外，日本僧人乙津寺蘭叔曾撰有《酒茶論》，寫於天正四年（1576），其中禪的元素更多，立意也是酒茶爭先。可查閱千宗室編《茶道古典全集》第 2 冊，株式會社淡交新社昭和 36 年出版。

正文

　　竊見神農曾嘗百草，五穀從此得分；軒轅製其衣服，流傳教示後人。倉頡致其文字，孔丘闡化儒倫。不可從頭細說，撮其樞要之陳。暫問茶之與酒，兩個誰有功勳？阿誰即合卑小？阿誰即合稱尊？今日各須立理，強者光飾一門。

茶乃出來言曰：「諸人莫鬧，聽說些些。百草之首，萬木之花，貴之取蕊，重之摘芽，呼之茗草，號之作茶。貢五侯宅，奉帝王家，時新獻入，一世榮華。自然尊貴，何用論誇？」

酒乃出來曰：「可笑詞說！自古至今，茶賤酒貴。單醪投河，三軍告醉。君王飲之，賜卿無畏。群臣飲之，呼叫萬歲。和死定生，神明歆氣。酒食向人，終無惡意。有酒有令，禮智仁義。自合稱尊，何勞比類！」

茶謂酒曰：「阿你不聞道：浮梁歙州，萬國來求。蜀山蒙頂，騎山驀嶺。舒城太湖，買婢買奴。越郡餘杭，金帛為囊。素紫天子，人間亦少。商客來求，舡車塞紹。據此蹤由，阿誰合小？」

酒謂茶曰：「阿你不聞道：劑酒乾和，博錦博羅。蒲桃九醞，於身有潤。玉液瓊漿，仙人杯觴。菊花竹葉，君王交接。中山趙母，甘甜美苦。一醉三年，流傳千古。禮讓鄉閭，調和軍府。阿你頭惱，不須乾努。」

茶謂酒曰：「我之茗草，萬木之心，或白如玉，或黃似金。名僧大德，幽隱禪林。飲之語話，能去昏沉。供養彌勒，奉獻觀音。千劫萬劫，諸佛相欽。酒能破家敗宅，廣作邪淫，打卻三盞之後，令人只是罪深。」

酒謂茶曰：「三文一壺，何年得富？酒通貴人，公卿所慕。曾遣趙主彈琴，秦王擊缶。不可把茶請歌，不可為茶教舞。茶吃只是腰疼，多吃令人患肚，一日打卻十杯，腹脹又同衙鼓。若也服之三年，養蝦蟆得水病苦。」

茶謂酒曰：「我三十成名，束帶巾櫛，驀海騎江，來朝今室。將到市廛，安排未畢，人來買之，錢則盈溢。言下便得富饒，不在後日明朝。阿你酒能昏亂，吃了多饒啾唧，街中羅織平人，脊上少須十七。」

酒謂茶曰：「豈不見古人才子，吟詩盡道：渴來一盞，能生養命。又道：酒是消愁藥。又道：酒能養賢。古人糟粕，今乃流傳。茶賤三文五碗，酒賤盅半七錢。致酒謝坐，禮讓周旋，國家音樂，本為酒泉。終朝吃你茶水，敢動些些管絃！」

茶謂酒曰：「阿你不見道：男兒十四五，莫與酒家親。君不見猩猩，為酒喪其身？阿你即道：茶吃發病，酒吃養賢。即見道有酒癀酒病，亻見道有茶瘋茶顛？阿闍世王 為酒殺父害母，劉伶為酒一醉三年。吃了張眉豎眼，怒鬥宣拳，狀上只言粗豪酒醉，不曾有茶醉相言，不免求守杖子，本典索錢。大枷磕頂，背上拋椽。便即燒香斷酒，念佛求天，終身不吃，望免迍邅〔註1〕。」

〔註1〕迍邅〔zhūn zhān〕：義為遲疑不前，行路艱難。

　　兩家正爭人我，不知水在旁邊。

　　水謂茶酒曰：「阿你兩個，何用匆匆？阿誰許你，各擬論功！言辭相毀，道西說東。人生四大，地水火風。茶不得水，作何相貌？酒不得水，作甚形容？米麴乾吃，損人腸胃，茶片乾吃，礪破喉嚨。萬物須水，五穀之宗。上應干象，下順吉凶。江河淮濟，有我即通。亦能漂蕩天地，亦能涸殺魚龍。堯時九年災跡，只緣我在其中。感得天下欽奉，萬姓依從。由自不能說聖，兩個何用爭功？從今以後，切須和同，酒店發富，茶坊不窮。長為兄弟，須得始終。若人讀之一本，永世不害酒顛茶瘋。」〔註2〕

〔註2〕水為茶酒所依，在一旁靜觀其變，最後切中要害，以理服人。需要注意的是，水固然從較為客觀公允的角度來說服茶酒，但最須謹防也陷入邊見——也不過是力圖證明自己的觀點正確。水須是無心無念，方可脫離邊見。否則從禪的角度來說：茶執於一邊，酒執於一邊，而水看似中允，卻還是執著於「中邊」。故而，真正的禪茶必須是諸邊破盡，中亦不執，才見禪性。

16 採茶錄

〔唐〕溫庭筠

題解

　　《採茶錄》約著寫於唐咸通元年（860），原三卷，現僅剩此殘篇五則，陳夢雷《欽定古今圖書集成・方輿彙編・坤輿典》卷二十五、陸廷燦《續茶經》卷一、汪灝《御定佩文齋廣群芳譜》卷二十三、陶宗儀《說郛》卷九十三等書中均錄有相應信息。此處以陶宗儀《說郛》卷九十三所錄為底，綜合參閱各本而編錄。作者溫庭筠（812～870），字飛卿，晚唐代并州祁縣人，以「花間詞」聞名。此《採茶錄》並無直接禪茶元素，所謂「採茶」，乃「摘編茶話」之義，而非「採摘茶葉」。所以錄者，一為文中有關辨水、活火煎茶之論，極見茶道精細工夫。二為禪茶重視身心煉養，其中陸龜蒙種茶收租、撰《品第書》，劉禹錫換取白氏六班茶、王蒙放飲、劉琨真茶等，均是養生、玩味、生活的一體化，可有效化解身心煩悶鬱積，體悟人事生命之道。三為禪茶在活脫、在平等、在適度，如似王蒙，動輒強加己意於他人，茶道自然成為「水厄」。故禪茶之道，精粗隨意，因人因時，可飲可不飲。凡有過度，必執於名相，執於覺受，執於身份話語權，適得其反，人為茶役。

一辨

　　代宗朝李季卿刺湖州，至維揚，逢陸鴻漸。抵揚子驛，將食，李曰：「陸君別茶，聞揚子南零，水又殊絕，今者二妙，千載一遇。」命軍士謹慎者深入南零，陸利器以俟。俄而水至，陸以杓揚水曰：「江則江矣，非南零，似臨岸

者。」使者曰：「某棹舟深入，見者累百，敢有紿〔註1〕乎？」陸不言。既而傾諸盆，至半，陸遽止之，又以杓揚之曰：「自此南零者矣。」使者蹶然駭曰：「某自南零齎〔註2〕至岸，覆過半，懼其尠〔註3〕，挹岸水增之。處士之鑒，神鑒也。某其敢隱焉！」

李約（字存博），汧公子也。一生不近粉黛，（雅度簡遠，有山林之致。〔註4〕）性辯茶，（能自煎）嘗謂人曰：「茶須緩火炙，活火煎，活火謂炭火之有焰者。當使湯無妄沸，庶可養茶。始則魚目散佈，微微有聲；中則四邊泉湧，累累連珠；終則騰波鼓浪，水氣全消，謂之老湯。三沸之法，非活火不能成也。」（客至不限甌數，竟日蒸火，執持茶器弗倦。曾奉使行至陝州硤石縣東，愛其渠水清流，旬日忘發。）

二嗜

甫里先生陸龜蒙，嗜茶荈。置小園於顧渚山下，歲入茶租，薄為甌蟻之費。自為《品第書》一篇，繼《茶經》《茶訣》之後。

三易

白樂天方齋，禹錫正病酒，禹錫乃餽菊苗、虀、蘆菔、鮓，換取樂天六班茶〔註5〕二囊，以自醒酒。

四苦

王蒙〔註6〕好茶，人至輒飲之，士大夫甚以為苦，每欲候蒙，必云：「今日有水厄。」

五致

劉琨與弟群書：「吾體中憒悶，常仰真茶〔註7〕，汝可信致之。」

〔註1〕紿〔dài〕：古同「詒」，欺騙，欺詐。
〔註2〕齎〔jī〕：小心翼翼懷抱著。
〔註3〕尠〔xiǎn〕：通「鮮」，稀有的，罕見的。
〔註4〕《續茶經》中有此句。
〔註5〕「六班茶」傳為白居易自家秘製茗茶。
〔註6〕王蒙，字仲祖，東晉簡文帝時任司徒左長史，主理東晉農桑、戶籍、官吏考課等。
〔註7〕真者，純者，上品。

17 茶述

〔唐〕斐汶

題解

  此文以陸廷燦《續茶經・一之源》所錄為底本，同時以謝維新《古今合璧事類備要・外集》卷四十二以及朱白振、沈冬梅、曾勤《中國古代茶書集成》為校訂參照。作者裴汶生卒年不詳，主要活動於唐憲宗年間，官至宰相。其人在茶界地位極高，古時茶坊供茶神陸羽，常奉裴汶、盧仝各立兩側。《茶述》約寫於裴汶在湖州任刺史時（約 811～813）。原書佚，僅南宋謝維新《古今合璧事類備要・外集》卷四十二、清代陸廷燦《續茶經》卷一存錄數百字，此處所錄為二者校訂合輯本。從其內容推考，當是《茶述》序言。不過，此四百餘字卻談到了幾處與禪茶關係較為密切的內容：第一，《茶述》成書較早，錄之可見早期茶道之一斑，也可見唐代茶文化在理論體系、價值觀等方面對後世茶道的巨大影響。第二，此文談及茶品人品。即所謂其性精清，其味浩潔，其用滌煩，其功致和。第三，認為品飲得當，能祛邪輔正，養護身心。此亦為禪茶重要功效。第四，品評各處茶類品質，如說顧渚、蘄陽、蒙山為上，其次則壽陽、義興、碧澗、澠湖、衡山，最下有鄱陽、浮梁等。所述種種，均為禪茶文化之重要資源。

正文

  茶，起於東晉，盛於今朝。其性精清，其味浩潔，其用滌煩，其功致和，參百品而不混，越眾飲而獨高。烹之鼎水，和以虎形，〔註1〕人人服之，永永

〔註1〕《古今合璧事類備要》本，此後有「過此皆不得」句。

不厭。〔註2〕得之則安，不得則病。彼芝術、黃精，徒雲上藥，致效在數十年後，且多禁忌，非此倫也。

或曰：「多飲令人體虛病風。」余曰：「不然。夫物能袪邪，必能輔正，安有蠲逐眾病而靡裨太和哉！」〔註3〕今宇內為土貢實眾，而顧渚、蘄陽、蒙山為上，其次則壽陽、義興、碧澗、㵲湖、衡山，最下有鄱陽、浮梁。

今其精者無以尚焉。得其粗者，則下里兆庶，甌碗粉揉。頃刻未得，則胃腑病生矣。人嗜之若此者，西晉以前無聞焉。至精之味或遺也。因作《茶述》。

〔註2〕《古今合璧事類備要》本，此後有「與粗食爭衡」句。
〔註3〕茶飲之事，適可而止。是否令人體虛病風，因人而異；是否能助益體安太和，也須適度方可。

18 湯品

〔唐〕蘇廙〔註1〕

題解

　　此文錄於全國圖書館文獻縮放複製中心《中國古代茶道秘本五十種》第一冊。作者蘇廙生平事蹟無考，初步可確定為晚唐五代文士。《湯品》亦稱《十六湯品》，全書僅一卷，將茶湯分為十六優劣，較為精細。對於向來不注重煎點工藝的禪茶來說，此作是一種非常必要的技術及理論補充。一般來看，禪茶並不提倡茶湯的優劣判分，起分別心。但是，從另一個角度講，內心清淨從容，再加上有技術、理論的支撐，必然可以做出上品茶湯，體現禪茶的深層意境。故而當代之禪茶，有三個方面需有所著力：其一，也需求精工雅趣，體現出內心之從容、清淨、高雅。其二，可飲精茶，也可飲粗茶，於優劣上下心起之際，能反觀、破除此分別心。其三，惟內心自在呈現，一切色香聲味觸法自起自落、流動起滅罷了，禪茶無一器具不合，無一茶湯不合。故而，錄此《湯品》雖在識湯辨茶，但最重於識辨之間心不動搖。

　　蘇廙《仙芽傳》載作湯十六品，以為〔註2〕湯者，茶之司命。若名茶而濫湯，則與凡末同調矣。煎以老嫩言者凡三品，〔註3〕注以緩急言者凡三品，〔註4〕以器標者共五品，〔註5〕以薪火論者共五品〔註6〕。

〔註1〕蘇廙〔yì〕。
〔註2〕此前數字按《古代茶書秘本五十種》補。
〔註3〕自第一至第三。
〔註4〕自第四至第六。
〔註5〕自第七至第十一。
〔註6〕自十二至十六。

第一品得一湯

火績已儲，水性乃盡，如斗中米、稱上魚，高低適平，無過不及為度，蓋一而不偏雜者也。天得一以清，地得一以寧，湯得一可建湯勳。

第二品嬰湯

薪火方交，水釜才識，急取旋傾，若嬰兒之未孩，欲責以壯夫之事，難矣哉！

第三品百壽湯〔註7〕

人過百息，水逾十沸，或以話阻，或以事廢，始取用之，湯已失性矣。敢問皤〔註8〕鬢蒼顏之大老，還可執弓搖矢以取中乎？還可雄登闊步以邁遠乎？

第四品中湯

亦見夫鼓琴者也，聲合中則妙；亦見乎磨墨者也，力合中則矢濃。聲有緩急則琴亡，力有緩急則墨喪，注湯有緩急則茶敗。欲湯之中，臂任其責。

第五品斷脈湯

茶已就膏，宜以造化成其形。若手顫臂軃〔註9〕，惟恐其深，瓶嘴之端，若存若亡，湯不順通，故茶不勻粹。是猶人之百脈，氣血斷續，欲壽奚獲，苟惡斃宜逃。

第六品大壯湯

力士之把針，耕夫之握管，所以不能成功者，傷於粗也。且一甌之茗，多不二錢，若盞量合宜，下湯不過六分。萬一快瀉而深積之，茶安在哉。

第七品富貴湯

以金銀為湯器，惟富貴者具焉。所以策功建湯業，貧賤者有不能遂也。湯器之不可捨金銀，猶琴之不可捨桐，墨之不可捨膠。

〔註7〕一名白髮湯。
〔註8〕皤〔pó〕：白色。
〔註9〕軃〔duǒ〕：下垂。

第八品秀碧湯

石，凝結天地秀氣而賦形者也，琢以為器，秀猶在焉。其湯不良，未之有也。

第九品壓一湯

貴厭金銀，賤惡銅鐵，則瓷瓶有足取焉。幽士逸夫，品色尤宜。豈不為瓶中之壓一乎？然勿與誇珍炫豪臭公子道。

第十品纏口湯

猥人俗輩，煉水之器，豈暇深擇銅鐵鉛錫，取熱而已。夫是湯也，腥苦且澀。飲之逾時，惡氣纏口而不得去。

第十一品減價湯

無油之瓦，滲水而有土氣。雖御胯宸繖，且將敗德銷聲。諺曰：「茶瓶用瓦，如乘折腳駿登高。」好事者幸志之。

第十二品法律湯

凡木可以煮湯，不獨炭也，惟沃茶之湯非炭不可。在茶家亦有法律：水忌停，薪忌薰。犯律逾法，湯乖，則茶殆矣。

第十三品一麵湯

或柴中之麩火，或焚餘之虛炭，木體雖盡而性且浮，性浮則湯有終嫩之嫌。炭則不然，實湯之友。

第十四品宵人湯

茶本靈草，觸之則敗。糞火雖熱，惡性未盡。作湯泛茶，減耗香味。

第十五品賊湯〔註10〕

竹篠樹梢，風日乾之，燃鼎附瓶，頗甚快意。然體性虛薄，無中和之氣，為湯之殘賊也。

〔註10〕原有「一名賤湯」數字。

第十六品大魔湯

調茶在湯之淑慝，而湯最惡煙。燃柴一枝，濃煙蔽室，又安有湯耶。苟用此湯，又安有茶耶？所以為大魔。

19 葉嘉傳

〔宋〕蘇軾

題解

　　《葉嘉傳》選錄自《蘇軾全集》,主要理路是蘇軾將茶葉擬人化,名為「葉嘉」:葉即茶葉,嘉即佳木,總體含義是「上品茶」。此處葉嘉,蘇軾將其定位為福建閩茶。在蘇軾活躍的北宋,建茶最受歡迎,更是貢茶之首選,是以尊貴。蘇軾從葉嘉的出生地、尊貴家族、高潔品格節操的介紹入手,轉而敍述葉嘉在世間如何被重視,一時風頭無雙,又如何遭遇挫折,鬱鬱不得志,最終辭官歸於山中的整個歷程。可以說,這是一般人的生命價值追求軌跡以及生活經歷寫照,其中也不乏蘇軾自身的影子,最見當下人心。主體人最容易自許高格,將種種不如意歸結為世界、社會不理解自己,從而心中充滿抑鬱、抱怨、憤懣。蘇軾所寫,其實是禪茶自我修煉的最佳入手處:不妨以葉嘉的特徵、經歷來比對自己,如此即可清晰看見自心之得意、抗拒、浮動、不甘等。這一刻,實際是化解內心業惑的最佳時機。日常中,人們因活在自我業心的籠罩下,很難清醒反觀自身,而一旦將所思所想寫在紙上,或擺在眼前,則可置身旁觀,像照鏡子般逐一發現自身之現狀,從而反思,改善。

傳文

　　葉嘉,閩人也。〔註1〕其先處上谷。〔註2〕曾祖茂先,養高不仕,好遊名山。至武夷,悅之。遂家焉。嘗曰:「吾植功種德,不為時採,然遺香後

〔註1〕葉嘉實指茶葉,嘉與樹同。從文中可見建安種茶始於漢。
〔註2〕上谷郡,今河北廣靈縣。

世，吾子孫必盛於中土，當飲其惠矣。」茂先葬郝源〔註3〕，子孫遂為郝源民。

至嘉，少植節操。或勸之業武。曰：「吾當為天下英武之精，一槍一旗，豈吾事哉！」因而遊，見陸先生〔註4〕。先生奇之，為著其行錄，傳於時。方漢帝嗜閱經史，時建安人為謁者侍上，上讀其行錄而善之，曰：「吾獨不得與此人同時哉！」曰：「臣邑人葉嘉風味恬淡，清白可愛，頗負其名，有濟世之才。雖羽知猶未詳也。〔註5〕」

上驚，敕建安太守召嘉，給傳遣詣京師。郡守始令採訪嘉所在，命齎書示之。嘉未就。遣使臣督促，郡守曰：「葉先生方閉門製作，研味經史，志圖挺立，必不屑進，未可促之。」親至山中，為之勸駕，始行。登車遇相者揖之曰：「先生容質，異常矯然，有龍鳳之姿，後當大貴。」嘉以皂囊，上封事。〔註6〕

天子見之。曰：「吾久飫卿名〔註7〕，但未知其實爾，我其試哉。」因顧謂侍臣曰：「視嘉容貌如鐵，資質剛勁，難以遽用必槌提頓挫之乃可。」遂以言恐嘉曰：「砧斧在前，鼎鑊在後。將以烹子，子視之如何？」嘉勃然吐氣曰：「臣山藪猥士，幸惟陛下採擇至此，可以利生，雖粉身碎骨，臣不辭也。」

上笑命以名曹處之，又加樞要之務焉，因誡小黃門監之，有頃報曰：「嘉之所為，猶若粗疏。」然上曰：「吾知其才，第以獨學，未經師耳。〔註8〕」嘉為之屑屑就師，頃刻就事，已精熟矣，上乃敕御史歐陽高、金紫光祿大夫鄭當時、甘泉侯陳平三人與之同事。歐陽疾嘉初進有寵，曰：「吾屬且為之下矣。」計欲傾之。會天子御延英促召四人，歐但熱中而已，當時以足擊嘉，而平亦以口侵陵之，嘉雖見侮，為之起立，顏色不變。歐陽悔曰：「陛下以葉嘉見託吾輩，亦不可忽之也。」因同見帝。陽稱嘉美，而陰以輕浮訾之，嘉亦訴於上，上為責歐陽，憐嘉，視其顏色久之，曰：「葉嘉真清白之士也，其氣飄然若浮雲矣。」遂引而宴之。

〔註3〕郝源即鑿源，今建甌市東峰鎮福源村。

〔註4〕陸先生指茶聖陸羽。

〔註5〕與歷代茶書所說茶經未著建茶有一定的原因，都是因為當時陸羽不甚瞭解建茶。

〔註6〕皂囊上封事：是說用黑色的囊封好奏呈。

〔註7〕飫：飽食，此處引申為聽聞。

〔註8〕未經師耳：是喻未經宮廷禮節的教習。

　　少選間，上鼓舌欣然曰：「始吾見嘉未甚好也，久味其言令人愛之，朕之精魄不覺灑然而醒。」書曰：「啟乃心沃朕心，嘉之謂也。」於是封嘉鉅合侯，位尚書。曰：「尚書，朕喉舌之任也。」由是寵愛日加，朝廷賓客，遇會宴享，未始不推於嘉。上日引對，至於再三。後因侍宴苑中，上飲踰度，嘉輒苦諫，上不悅曰：「卿司朕喉舌而以苦辭逆我，余豈堪哉。」遂唾之。命左右仆於地。嘉正色曰：「陛下必欲甘辭利口，然後愛耶？臣雖言苦，久則有效。陛下亦嘗試之，豈不知乎？」上顧左右曰：「始吾言嘉剛勁難用，今果見矣。」因含容之，然亦以是疏嘉。

　　嘉既不得志，退去閩中。既而曰：「吾末如之何也已矣！」上以不見嘉月餘，勞於萬幾，神薾思困，頗思嘉。因命召至，喜甚，以手撫嘉曰：「吾渴見卿久也。」遂恩遇如故。

　　上方欲南誅兩越，東擊朝鮮，北逐丐奴，西伐大宛，以兵革為事，而大司農奏計，國用不足。上深患之。以問嘉。嘉為進三策：其一曰：摧天下之利山海之資，一切籍於縣官行之一年財用豐贍。上大悅，兵興有功而還。上利其財，故摧法〔註9〕不罷，管山海之利，自嘉始也。

　　居一年，嘉告老。上曰：「鉅合侯，其忠可謂盡矣！」遂得爵其子，又令郡守擇其宗支之良者，每歲貢焉。嘉子二人，〔註10〕長曰：「摶有父風，故以襲爵。」次子挺抱黃白之術，比於摶其志尤淡泊也，嘗散其資拯鄉閭之困，人皆德之。故鄉人以春伐鼓大會山中，求之以為常。

　　贊曰：今葉氏散居天下，皆不喜城邑，惟樂山居。氏於閩中者，蓋嘉之苗裔也。天下葉氏雖夥，然風味德馨為世所貴，皆不及閩。閩之居者又多，而郝源之族為甲。嘉以布衣遇天子，爵徹侯，位八座，可謂榮矣。然其正色苦諫，竭力許國，不為身計，蓋有以取之夫！先王用於國有，節取於民有制至於山林川澤之利一切與民嘉為策，以摧之雖救一時之急，非先王之舉也，君子譏之。或云：管山海之利，始於鹽鐵丞孔瑾，桑弘羊之謀也。〔註11〕嘉之策未行於時，至唐趙贊始舉而用之。

〔註9〕榷法：即榷務。在宋代，茶、鹽、蠶絲都曾實行「榷務」辦法。榷是國家統制下的專嘉之子二人：實指建茶的二大品系也有人以為係指官茶與民茶二者。賣制度，在流通過程中以「榷」代稅。
〔註10〕嘉之子二人：實指建茶的二大品系也有人以為係指官茶與民茶二者。
〔註11〕孔瑾，桑弘羊均為西漢農工物產的官員，桑著有《鹽鐵論》，主張鹽鐵由國家統制專賣。

20 煎茶賦〔註1〕

〔宋〕黄庭堅

題解

　　《煎茶賦》錄於《山谷集‧內集》卷一，是黄庭堅在入川時的作品。黄庭堅乃茶之大家，尤其身處四川，則更對川茶驚喜不已。煎茶絕手，詩家格調，自然會碰撞出不一樣的茶道茶心。黄庭堅先談建溪、雙井、日鑄種種當世代表性名茶，舉其具有滌煩破睡之功，由此被視為「尋常」。於是再借涪翁之口引出川茶之羅山茶、蒙頂茶、都濡高株茶、納溪茶、壓磚茶、火井茶等絕品，且以醫家之手調配茶味，形成養生茶品。足見高手煎茶，從不拘於一說一見，而是隨場所、需求的不同而隨心所欲。值得一提的是，此論不同於一般「本味」泛論，而力圖宣揚「調配」之精絕技藝，令人耳目一新。從茶道角度而言，黄庭堅是在尋求一種專享於茶的靈性深味；而從世間之用來說，則是為尋求某種揮灑之度，安樂之法，乃至與古道聖人華胥、莊周相通的道心。

正文

　　洶洶乎如澗松〔註2〕之發清吹，皓皓乎如春空之行白雲。賓主欲眠而同味，水茗相投而不渾。苦口利病，解膠滌昏。未嘗一日不放箸而策茗碗之勳者也。

〔註 1〕此賦曾有書帖，見宋代岳珂《寶真齋法書贊》卷十五云：「《黄魯直煎茶賦帖》，
　　　　楷書大字，五十八行，前題一行，尾記八行，案前題一行，原闕。」
〔註 2〕澗松：澗底松樹。

　　余嘗為嗣直瀹茗，因錄其滌煩破睡之功，為之甲乙。建溪〔註3〕如割，雙井〔註4〕如撻，日鑄〔註5〕如絕。其餘苦則辛螫〔註6〕，甘則底滯。嘔酸寒胃，令人失睡，亦未足與議。或曰：「無甚高論，敢問其次。」涪翁〔註7〕曰：「味江之羅山〔註8〕，嚴道之蒙頂〔註9〕，黔陽之都濡高株〔註10〕，瀘川之納溪〔註11〕，梅嶺夷陵之壓磚〔註12〕，臨邛之火井〔註13〕，不得已而去於三，則六者亦可酌。兔褐之甌，瀹魚眼之鼎者也。」

　　或者又曰：「寒中瘠氣，莫甚於茶。或濟之鹽，勾賊破家。滑竅走水，又況雞蘇之與胡麻。」〔註14〕涪翁於是酌歧雷之醪醴，參伊聖之湯液。斯附子如博投，以熬葛仙之堊。去莨而用鹽，去橘而用薑。不奪茗味，而佐以草石之良。所以固太倉而堅作彊，於是有胡桃、松實、庵摩、鴨腳、勃賀、靡蕪、水蘇、甘菊，既加臭味，亦厚賓客。前四後四，各用其一。少則美，多則惡。發揮其精神，又益於咀嚼。〔註15〕

　　蓋大匠無可棄之材，太平非一士之略。厥初貪味雋永，速化湯餅，乃至中夜不眠。耿耿既作溫齊，殊可屢歠，如以六經，濟三尺法。雖有除治，與人安樂。賓至則煎，去則就榻。不遊軒後之華胥〔註16〕，則化莊周之胡蝶。〔註17〕

〔註3〕建溪：建茶，如武夷岩茶、大紅袍等。

〔註4〕雙井：雙井茶，產於江西修水。

〔註5〕日鑄：日鑄茶，產於浙江紹興。

〔註6〕辛螫：悲痛，傷害。

〔註7〕涪翁〔fú wēng〕：約西漢末、東漢初醫家，今四川省涪縣（今綿陽）人，常垂釣於涪水（涪江）。士人多將其理想化為醫術高絕、出塵世外的仙家形象。

〔註8〕指羅山茶，產自四川味江。

〔註9〕蒙頂：蒙頂茶，產於四川雅安蒙頂山。

〔註10〕都濡高株，又稱都濡高枝茶，產於四川瀘州。

〔註11〕納溪梅嶺，產於四川瀘州納溪，其佳品每年二月即採，屬「特早茶」。

〔註12〕壓磚：文中指四川夷陵磚茶。

〔註13〕火井：四川邛崍火井茶。

〔註14〕認為茶有寒性，而有人調入鹽、雞蘇、胡麻等，大煞風景，敗茶本味。

〔註15〕涪翁乃醫家高手，以種種配料調入茗茶，既不失茶本味，又多出種種層次感，還更具養生效果。

〔註16〕華胥，即華胥氏，上古時期華胥國女首領，據傳為伏羲和女媧之母，是被賦予中華文明「母體」之深意。

〔註17〕黃庭堅：《山谷集·內集》卷一，第10頁，《四庫全書》集部·別集類，第1113冊，第9頁。

21 茶僧賦

〔宋〕方岳

題解

　　《茶僧賦》錄於方岳《秋崖集》卷三十六。其寫作原因是宋人林子仁將「茶瓢」稱為「茶僧」，賦予其禪家透脫之意趣。方岳藉此而撰寫《茶僧賦》，是典型的賦式主客問答。大意是秋崖人質疑「茶僧」：你憑什麼解脫得度？莫非是重新譯解了陸羽《茶經》？或是參透了趙州「吃茶去」禪髓？據此，「茶僧」便滔滔不絕，從自己能灌溉田園，扶種族，引苗裔，孔子曾讚歎，壺公也懸掛的先進事蹟講起，還喜梵相，轉法輪，戰魔事，而且山童用自己敲雲外之白，野老用自己掬雪中之泉，還與木上座，竹尊者為侶，逍遙掛維摩拂，臥為山瓶。如此說來，當然應該得度而且已經得度。文中大量引用禪家典故公案，證明「茶僧」功業炫目，已經解脫成佛。最後，則是人們對「茶僧」精研茶道的讚歎。歷代文士茶僧，最喜賦予茶事種種擬人化內涵。這其實是「心識」運作的一般軌跡，是對內外物事的人為評價，與茶事的本來面目無關。如對此行為及其實質不加警醒和照見，必然只會陷入業惑中。故而禪茶最大的障礙，永遠是人心的執持，在禪茶語境中，則多表現為對禪茶的維護，對禪茶的自得，對禪茶修煉的偏執，或又造出種種禪茶大師相，到頭來還是沒逃過自我意識精心造設的陷阱。

正文

　　林子仁名茶瓢曰茶僧，予為之賦。

秋崖人〔註1〕問茶僧曰:「諮爾佛子,多生糾纏。今者得度,以何因緣?豈其能重譯陸羽之經,飽參趙州之禪也歟?」

(僧曰:)〔註2〕「累彼灌莽翳於原田,扶種族之瓠落,引苗裔之蔓延,係有尼父之歎,磊若壺公所懸。彼軀體之擁腫〔註3〕而猥大者,君子雖器之,而未知其孰賢,或刳而中,或剖而邊。士操取飲於夜澗,鳥勸行沽於春煙。曾未若爾,出家在許瓢之後,而成佛在魏瓠〔註4〕之先。也試嘗為埽除霜茁,提攜出山衣,以駝尼之淺褐,喜其梵相之堅圓,與之轉法輪於午寂,戰魔事於春眠。山童敲雲外之臼,野老掬雪中之泉,瞬木上座其少休,與竹尊者而留連,嗽冰玉之不再。搜文字之五千,然後掛維摩拂,臥潙山瓶。」

未嘗不歎曰〔註5〕:「奇哉,此僧之精研也!」〔註6〕

〔註1〕方岳,號秋崖。

〔註2〕括號內字為編者補充。原文首尾連成一體,問答難分。然按照文義,當是秋崖人問僧曰:「諮爾佛子,多生糾纏。今者得度,以何因緣?豈其能重譯陸羽之經,飽參趙州之禪也歟?」而其後內容則是「茶僧」舉實例辯駁,力證自己功勳卓著。

〔註3〕原文即錄為「擁腫」,乃今「臃腫」之義。

〔註4〕魏瓠〔wèi hù〕:喻大而無用之物。典故出於《莊子·逍遙遊》,云:「魏王貽我大瓠之種,我樹之成,而實五石。以盛水漿,其堅不能自舉也。剖之以為瓢,則瓠落無所容。非不呺然大也,吾為其無用而掊之。」

〔註5〕此處當是「秋崖人未嘗不歎曰」或「諸人未嘗不歎曰」。文中數處表述模糊,包括此處及前文所補「僧曰」,蓋作者只顧鋪排抒臆,對細節未加顧及,也或是在後人傳錄中出現了差池。當然,編者水平有限,也可能是編者理解有誤。

〔註6〕方岳:《秋崖集》第36卷,第2~3頁。《四庫全書》集部·別集類,第1182冊,第572~573頁。

22 鬥茶記

〔宋〕唐庚

題解

此文約作於宋正和二年（1112），載於唐庚《眉山文集》卷二。唐庚（1071
～1121），字子西，眉州丹棱人，世稱魯國先生。鬥茶，又稱「茗戰」，宋代極
其盛行，時常「一言不合就鬥茶」。鬥茶內容，往往是比評茶葉茶技優劣、論
水品器等。「鬥茶」一事，約始於宋代福建，其初衷是相互展示茶品、茶藝、
茶學修養，屬於士大夫階層的雅好。但至後來，卻逐漸成為茶葉質量、製
茶工藝、茶學修養、手中茶資源乃至茶商貿易話語權等方面的炫耀和爭強好
勝。禪茶之中，「鬥茶」之類的活動極少。但於禪茶而言，也不需迴避鬥茶，
此項活動之中最可見世道人心，最可見人事利害。故也編錄，以作為禪茶文
化見心見性的研究資料。

記文

政和二年三月壬戌，二三君子相與鬥茶於寄傲齋。予為取龍塘水烹之，
而第其品。以某為上，某次之，某閩人，其所齎宜尤高，而又次之。然大較皆
精絕。蓋嘗以為天下之物，有宜得而不得，不宜得而得之者。

富貴有力之人，或有所不能致；而貧賤窮厄流離遷徙之中，或偶然獲焉。
所謂尺有所短，寸有所長，良不虛也。唐相李衛公，好飲惠山泉，置驛傳送，
不遠數千里，而近世歐陽少師作《龍茶錄序》，稱嘉祐七年，親享明堂，致
齋之夕，始以小團分賜二府，人給一餅，不敢碾試，至今藏之。時熙寧元年
也。

吾聞茶不問團銙，要之貴新；水不問江井，要之貴活。千里致水，真偽固不可知，就令識真，已非活水。自嘉祐七年壬寅，至熙寧元年戊申，首尾七年，更閱三朝，而賜茶猶在，此豈復有茶也哉。今吾提瓶支龍塘，無數十步，此水宜茶，昔人以為不減清遠峽。而海道趨建安，不數日可至，故每歲新茶，不過三月至矣。罪戾之餘，上寬不誅，得與諸公從容談笑於此，汲泉煮茗，取一時之適。雖在田野，孰與烹數千里之泉，澆七年之賜茗也哉，此非吾君之力歟。夫耕鑿食息，終日蒙福而不知為之者，直愚民耳，豈吾輩謂耶，是宜有所記述，以無忘在上者之澤云。

23 品茶要錄

〔宋〕黃儒

題解

　　此錄以明代《說郛》本為底，見陶宗儀《說郛》卷九十三，且校之以《四庫全書》子部・譜錄類所載《品茶要錄》，以及全國圖書館文獻縮放複製中心《中國古代茶道秘本五十種》第一冊。黃儒，字道輔，生卒年不詳，建安人，宋代熙寧六年進士。蘇軾《書黃道輔品茶要錄後》一文談及「黃氏博學能文，惜乎早亡」。《品茶要錄》約著於熙寧八年（1075）。此書乃基於作者的實踐經驗，圍繞茶葉種植採造、煎點烹煮中的十個問題展開而談，一至九說採造煎烹中的採造過時、白合盜葉、入雜、蒸不熟、過熟、焦釜、壓黃、漬膏、傷焙等問題，而第十舉壑源、沙溪為例談不同地理條件下茶葉的巨大差異。此文所談十事，不見禪語，但見精工細藝，見茶學涵養，見磨礪工夫。其中各種茶病，在禪茶中也極為常見，或因技藝不夠精純，又或因心浮氣躁，致使禪茶無功。

總論

　　說者常怪陸羽《茶經》不第建安之品，蓋前此茶事未甚興，靈芽真筍，往往委翳消腐，而人不知惜。自國初以來，士大夫沐浴膏澤，詠歌昇平之日久矣。夫體勢灑落，神觀沖淡，惟茲茗飲為可喜。園林亦相與摘英誇異，製捲鬻新而趨時之好，故殊絕之品始得自出於蓁莽之間，而其名遂冠天下。藉使陸羽復起，閱其金餅，味其雲腴，當爽然自失矣。

　　因念草木之材，一有負瑰偉絕特者，未嘗不遇時而後興，況於人乎！然士大夫間為珍藏精試之具，非會雅好真，未嘗輒出。其好事者，又嘗論其採

製之出人，器用之宜否〔註1〕，較試之湯火〔註2〕，圖於縑素，傳玩於時，獨未有補於賞鑒之明爾。蓋園民射利，膏油其面，色品味易辨而難評。予因閱收之暇，為原採造之得失，較試之低昂，次為十說，以中其病，題曰《品茶要錄》云。

第一採造過時

茶事起於驚蟄前，其採芽如鷹爪，初造曰試焙，又曰一火，其次曰二火。二火之茶，已次一火矣。故市茶芽者，惟同出於三火前者為最佳。尤喜薄寒氣候，陰不至於凍，（芽時尤畏霜，有造於一火二火皆遇霜，而三火霜霽，則三火之茶勝矣。）晴不至於暄，則穀芽含養約勒而滋長有漸，採工亦優為矣。凡試時泛色鮮白，隱於薄霧者，得於佳時而然也。有造於積雨者，其色昏黃；或氣候暴暄，茶芽蒸發，採工汗手薰漬，揀摘不給，則製造雖多，皆為常品矣。試時色非鮮白、水腳微紅者，過時之病也。

第二白合盜葉

茶之精絕者曰鬥，曰亞鬥，其次揀芽。茶芽，鬥品雖最上，園戶或止一株，蓋天材間有特異，非能皆然也。且物之變勢無窮，而人之耳目有盡，故造鬥品之家，有昔優而今劣，前負而後勝者。雖人工有至有不至，亦造化推移，不可得而擅也。其造，一火曰鬥，二火曰亞鬥，不過十數銙而已。揀芽則不然，遍園隴中擇其精英者爾。其或貪多務得，又滋色澤，往往以白合盜葉間之。試時色雖鮮白，其味澀淡者，間白合盜葉之病也。（一鷹爪之芽，有兩小葉抱而生者，白合也。新條葉之抱生而色白者，盜葉也。造揀芽常剔取鷹爪，而白合不用，況盜葉乎。）

第三入雜

物固不可以容偽，況飲食之物，尤不可也。故茶有入他葉者，建人號為「入雜」。銙列入柿葉，常品入桴檻葉。二葉易致，又滋色澤，園民欺售直而為之。試時無粟紋甘香，盞面浮散，隱如微毛，或星星如纖絮者，入雜之病也。善茶品者，側盞視之，所入之多寡，從可知矣。向上下品有之，近雖銙列，亦或勾使。

〔註1〕「之宜否」原為「宜之否」，茲按正常語序校改。
〔註2〕原為「傷災」，誤，茲校以「湯火」。

第四蒸不熟

穀芽初採，不過盈箱而已，趣時爭新之勢然也。既採而蒸，既蒸而研。蒸有不熟之病，有過熟之病。蒸不熟，則雖精芽，所損已多。試時色青易沉，味為桃仁之氣者，蒸不熟〔註3〕之病也。唯正熟者，味甘香。

第五過熟

茶芽方蒸，以氣為候，視之不可以不謹也。試時色黃而粟紋大者，過熟之病也。然雖過熟，愈於不熟，甘香之味勝也。故君謨論色，則以青白勝黃白；餘論味，則以黃白勝青白。

第六焦釜

茶，蒸不可以逾久，久而過熟，又久則湯乾，而焦釜之氣出。茶工有泛新湯以益之，是致薰損茶黃。試時色多昏紅，氣焦味惡者，焦釜之病也。（建人號熱鍋氣。）

第七壓黃

茶已蒸者為黃，黃細，則已入捲模製之矣。蓋清潔鮮明，則香色如之。故採佳品者，常於半曉間沖蒙雲霧，或以罐汲新泉懸胸間，得必投其中，蓋欲鮮也。其或日氣烘爍，茶芽暴長，功力不給，其採芽已陳而不及蒸，蒸而不及研，研或出宿而後製，試時色不鮮明，〔註4〕薄如壞卵氣者，壓黃之病也。

第八漬膏

茶餅光黃，又如蔭潤者，榨不乾也。榨欲盡去其膏，膏盡則有如干竹葉之色。唯飾首面者，故榨不欲乾，以利易售。試時色雖鮮白，其味帶苦者，漬膏之病也。

第九傷焙

夫茶本以芽葉之物就之捲模，既出捲，上笪焙之，用火務令通徹。即以灰覆之，虛其中，以熱火氣。然茶民不喜用實炭，號為冷火，以茶餅新濕，欲

〔註3〕此處諸本皆為「不蒸熟」，考其文義及表述習慣，當為「蒸不熟」。
〔註4〕「陳而不及蒸，蒸而不及研，研或出宿而後製，試時色不鮮明」數句，據《四庫全書》子部・譜錄類所載《品茶要錄》增補。

速乾以見售，故用火常帶煙焰。煙焰既多，稍失看候，以故薰損茶餅。試時其色昏紅，氣味帶焦者，傷焙之病也。

第十辨壑源、沙溪

壑源、沙溪，其地相背，而中隔一嶺，其勢無數里之遠，然茶產頓殊。有能出力移栽植之，亦為土氣所化。竊嘗怪茶之為草，一物爾，其勢必由得地而後異。豈水絡地脈，偏鍾粹於壑源？抑御焙占此大岡巍隴，神物伏護，得其餘蔭耶？何其甘芳精至而獨擅天下也。觀乎春雷一驚，筠籠才起，售者已擔簽挈囊於其門，或先期而散留金錢，或茶才入笪而爭酬所直，故壑源之茶常不足客所求。其有桀猾之園民，陰取沙溪茶黃，雜就家捲而製之，人徒趣其名，眩其規模之相若，不能原其實者，蓋有之矣。凡壑源之茶售以十，則沙溪之茶售以五，其直大率仿此。然沙溪之園民，亦勇於為利，或雜以松黃，飾其首面。〔註5〕凡肉理怯薄，體輕而色黃，試時雖鮮白不能久泛，香薄而味短者，沙溪之品也。凡肉理實厚，體堅而色紫，試時泛盞凝久，香滑而味長者，壑源之品也。

第十一後論

余嘗論茶之精絕者，白合未開，其細如麥，蓋得青陽之輕清者也。又其山多帶砂石而號嘉品者，皆在山南，蓋得朝陽之和者也。余嘗事閒，乘暑景之明淨，適軒亭之瀟灑，一取佳品嘗試，既而神水生於華池，愈甘而清，其有助乎，然建安之茶，散天下者不為少，而得建安之精品不為多，蓋有得之者亦不能辨，能辨矣，或不善於烹試，善烹試矣，或非其時，猶不善也，況非其賓乎？然未有主賢而賓愚者也。夫惟知此，然後盡茶之事。昔者陸羽號為知茶，然羽之所知者，皆今之所謂草茶。何哉？如鴻漸所論「蒸筍並葉，畏流其膏」，蓋草茶味短而淡，故常恐去膏；建茶力厚而甘，故惟欲去膏。又論福建為「未詳，往往得之，其味極佳」。由是觀之，鴻漸未嘗到建安歟？

附書黃道輔《品茶要錄》後〔註6〕

物有畛而理無方，窮天下之辯，不足以盡一物之理。達者寓物以發其辯，

〔註5〕為利有假造茶者，為名有假飲茶者。人心之動，無可匿藏，此為禪門見性觀法之一。

〔註6〕蘇軾傳，原為「眉山蘇軾書」，此略。

則一物之變，可以盡南山之竹。學者觀物之極，而遊於物之表，則何求而不得。故輪扁行年七十而老於斫輪，庖丁自技而進乎道，由此其選也。

　　黃君道輔諱儒，建安人，博學能文，淡然精深，有道之士也。作《品茶要錄》十篇，委曲微妙，皆陸鴻漸以來論茶者所未及。非至靜無求，虛中不留，烏能察物之情如此其詳哉？昔張機有精理而韻不能高，故卒為名醫。今道輔無所發其辯，而寓之於茶，為世外淡泊之好，此以高韻輔精理者。予悲其不幸早亡，獨此書傳於世，故發其篇末云。

24 荈茗錄

〔宋〕陶穀

題解

　　本文選自陶穀《清異錄》卷下之「茗荈門」，錄於《四庫全書》子部十二‧小說家類三‧瑣記之屬。《清異錄》共六卷三十七門，其中「茗荈」一門被後人單列為《荈茗錄》，遂成茶學經典。其作者陶穀（903～970），字秀實，陝西人。本姓唐，因避後晉石敬瑭諱而改姓陶，後卒於宋。從《宋史‧陶穀傳》等文獻來看，陶穀多有才品、文品，善寫公文，但人品實在是有瑕疵。若僅以《荈茗錄》本身視之，所記茶類、茶具、典故較為文藝而有趣，也有涉及禪茶題材者，諸如吳僧梵川、吳僧文了、雞蘇佛等名言。研讀者可自行辯證取捨，略充實現代禪茶之學。

第一龍陂仙子茶

　　開寶中，竇儀〔註1〕以新茶飲予，味極美。盒面標云：「龍陂仙子茶。」龍陂是顧渚別境。

第二聖楊花

　　吳僧梵川，誓願燃頂供養雙林傅大士，自往蒙頂結庵種茶。凡三年，味方全美。得絕佳者聖楊花、吉祥蕊，共不逾五斤，持歸供獻。

〔註1〕竇儀（914～966），字可象，薊州人，北宋初年學者，曾主編《宋刑統》《建隆編敕》等。

第三湯社

和凝在朝，率同列遞日以茶相飲，味劣者有罰，號為「湯社」。

第四縷金耐重兒

有得建州茶膏，取作耐重兒八枚，膠以金縷，獻於閩王曦。遇通文之禍，為內侍所盜，轉遺貴臣。

第五乳妖

吳僧文了善烹茶。遊荊南，高保勉白於季興，延置紫雲庵，日試其藝。保勉父子呼為湯神，奏授華定水大師上人，目曰「乳妖」。

第六清人樹

偽閩甘露堂前兩株茶，鬱茂婆娑，宮人呼為「清人樹」。每春初，嬪嬙戲摘新芽，堂中設「傾筐會」。

第七玉蟬膏

顯德初，大理徐恪見貽卿信鋌子茶，茶面印文曰「玉蟬膏」，一種曰「清風使」。恪，建人也。

第八森伯

湯悅有《森伯頌》，蓋茶也。方飲而森然嚴乎齒牙，既久，四肢森然。二義一名，非熟夫湯甌境界者〔註2〕，誰能目之。

第九水豹囊

豹革為囊，風神呼吸之具也。煮茶啜之，可以滌滯思而起清風。每引此義，稱茶為「水豹囊」。

第十不夜侯

胡嶠《飛龍澗飲茶詩》曰：「沾牙舊姓余甘氏，破睡當封不夜侯。」新奇哉！嶠宿學雄材未遂，為耶律德光所擄北去，後間道北歸。

〔註 2〕重身心體驗。

第十一雞蘇佛

猶子彝，年十二歲。予讀胡嶠茶詩，愛其新奇，因令效法之，近晚成篇。有云：「生涼好喚雞蘇佛，回味宜稱橄欖仙。」然彝之亦文詞之有基址者也。

第十二冷面草

符昭遠不喜茶，嘗為御史同列會茶，歎曰：「此物面目嚴冷，了無和美之態，可謂冷面草也。飯餘嚼佛眼芎以甘菊湯送之，亦可爽神。」

第十三晚甘侯

孫樵《送茶與焦刑部書》云：「晚甘侯十五人遣侍齋閣。此徒皆請雷而摘，拜水而和。蓋建陽丹山碧水之鄉，月潤雲龕之品，慎勿賤用之。」

第十四生成盞

饌茶而幻出物象於湯面者，茶匠通神之藝也。沙門福全生於金鄉，長於茶海，能注湯幻茶，成一句詩，並點四甌，共一絕句，泛乎湯表。小小物類，唾手辦耳。檀越日造門求觀湯戲，全自詠曰：「生成盞裏水丹青，巧畫工夫學不成。欲笑當時陸鴻漸，煎茶贏得好名聲。」

第十五茶百戲

茶至唐始盛。近世有下湯運匕，別施妙訣，使湯紋水脈成物象者，禽獸蟲魚花草之屬，纖巧如畫。但須臾即就散滅。此茶之變也，時人謂之茶百戲。

第十六漏影春

漏影春法，用縷紙貼盞，糝茶而去紙，偽為花身；別以荔肉為葉，松實、鴨腳之類珍物為蕊，沸湯點攪。

第十七甘草癖

宣城何子華邀客於剖金堂，慶新橙。酒半，出嘉陽嚴峻畫陸鴻漸像。子華因言：「前世惑駿逸者為馬癖，泥貫索者為錢癖，耽於子息者為譽兒癖，耽於褒貶者為《左傳》癖。若此叟者，溺於茗事，將何以名其癖？」楊粹仲曰：「茶至珍，蓋未離乎草也。草中之甘，無出茶上者。宜追目陸氏為甘草癖。」坐客曰：「允矣哉！」

第十八苦口師

皮光業最耽茗事。一日，中表請嘗新柑，筵具殊豐，簪紱叢集。才至，未顧樽罍而呼茶甚急，徑進一巨甌。題詩曰：「未見甘心氏，先迎苦口師。」眾噱曰：「此師固清高，而難以療饑也。」

25 煮茶夢記

〔元〕楊維楨

題解

　　《煮茶夢記》錄於陳夢雷輯《古今圖書集成·食貨典》卷二九三，作者為楊維楨。楊維楨（1296～1370），字廉夫，號鐵崖、鐵笛道人，曾自號老鐵、抱遺老人、東維子等，會稽楓橋全堂人，有《鐵崖先生古樂府》《東維子文集》流傳。曾與陸居仁、錢惟善合稱「元末三高士」。此作儒、道、禪一體，在梅影鶴立、小童煮茶、白蓮泉水、燃湘竹煮茶、靜等茶湯之間，夢入太虛，心與道合。恍惚之間，茶湯已熟。此境況中的禪茶，多取其道性，實際已融入生活，融入生命，融入舉手投足之間。

記文

　　鐵崖道人臥石床，移二更，月微明，及紙帳。梅影亦及半窗，鶴孤立不鳴。命小芸童汲白蓮泉，燃槁湘竹，授以凌霄芽，為飲供。道人乃遊心太虛，若鴻蒙，若皇芒，會天地之未生，適陰陽之若亡。恍兮不知入夢，遂坐清真銀暉之堂。堂上香雲簾拂地，中著紫桂榻，綠瓊幾，看太初《易》一集，集內悉星斗文，煥煜燡熠，金流玉錯，莫別爻畫。若煙雲日月交麗乎中天。欵玉露涼，月冷如冰，入齒者易刻。因作《太虛吟》，吟曰：「道無形兮兆無聲，妙無心兮一以貞，百象斯融兮太虛以清。」〔註1〕歌已，光飆起林，末激華氛，鬱

〔註1〕「道」是古今諸家追求的最高境界，所以飲茶者自然將「茶」與「道」連結起來，或作為通達「道」的方式，或作為「道」的表達方式，以證明自己與道同在。

鬱霏霏，絢爛淫豔。乃有扈綠衣若仙子者，從容來謁。雲名淡香，小字綠花。
乃捧太玄杯，酌太清神明之體，以壽予。侑以詞曰：「心不行，神不行。無而
為，萬化清。」壽畢，紓徐而退，復令小玉環侍筆牘，遂書歌遺之曰：「道可
受兮不可傳，天無形兮四時以言，妙乎天兮天天之先，天天之先復何仙？」
移間，白雲微消，綠衣化煙，月反明予內間。予亦悟矣，遂冥神合玄，月光尚
隱隱於梅花間。小芸呼曰：「凌霄芽熟矣！」〔註2〕

〔註 2〕此文以「道家」話語談茶。從表意方式上，與「禪」固然各異。但內在道性
上，「道」與「禪」最終內通而為一體。所謂不同，乃是個體在不同語境、不
同生命層級接收到的有限信息，從而做出的主觀判斷。故而，禪茶、茶道的
通同，最主要還是取決於個體人能否超離「心識」的束縛，深入到生命最內
層。

26 清苦先生傳

〔元〕楊維楨

題解

　　《清苦先生傳》錄於明代喻政選輯《茶集》卷上，作者為元代楊維楨。「清苦」喻茶之味，「先生」則採用擬人化手法。楊維楨筆下的清苦先生，出生於陽羨，隱居於虎丘，而且與陸羽、盧仝二人親近交遊。由此點明陽羨茶、虎丘茶極受名家青睞。尤其是以「第一泉」金山中泠之水而煮，更是泉茶味絕。清苦先生酷愛遨遊，有曠達文士之風骨。而且最喜僧室道院，追求清淨道趣。清苦先生還築小軒居，好琴瑟，厭酒歡，無時不在警醒昏瞑者，潤化枯燥者，並且寵辱不驚，自在超脫。文章最後，楊維楨以司馬遷撰寫《史記》的結尾口吻宣揚清苦先生賈氏祖上名望：一為子犯之子狐射姑，後姓賈；二為漢代賈誼，有經世治安之才。由此突出了賈氏之顯赫。另外，還說由於不軌之人陷害，清苦先生的宗族或逃往蒙頂，或逃往建溪，最終默默無聞；唯獨清苦先生不懼死苦，乃就烹於鼎鑊，高風亮節，君子之骨，惠於人間。蓋當時蒙頂茶、建溪茶聲望不如陽羨茶、虎丘茶，故而才有此說。此文將文人入世立功，出世立道，渴望出世入世不二的理想人格、心態賦予茶葉，自況某種生命價值。禪茶中的許多內涵，也是如此才具有的。禪茶真諦，也不外乎是人的修養境界。性命有多寬廣，禪茶也就有多寬廣。人心一旦堵塞，禪茶也多成障礙。故而禪茶與生命，乃是相互潤化，相互成就的。

記文

　　先生名槮，字荈之，姓賈〔註1〕氏，別號茗仙。其先陽羨〔註2〕人也，世

〔註1〕茶，古亦稱「檟」，「賈姓」即由此化出。
〔註2〕楊維楨將茶的源頭視為陽羨。

系錦遠，散處之中州者不一。先生幼而穎異，於諸眷族中，最其風致。卜居隱於姑蘇之虎丘，與陸羽盧仝輩相友善，號勾吳三雋。每二人遊，必挾先生隨之。以故情諨日殷，眾咸目之為生死交。然先生之為人，芬馥而爽朗，磊落而疏豁，不媚於世，不阿於俗。凡有請求，則必攝緘縢〔註3〕固扃鐍，假人提攜而往。四方之士，多親炙之。雖窮簷蔀屋，足跡未嘗少絕。偶乘月大江泛舟，取金山中泠之水而瀹之，因品為第一泉，遂遨遊不輟。尤喜僧室道院，貪愛其花竹繁茂，水石清奇，徜徉容與，迫〔註4〕然不忍去。

　　構小軒一所，扁曰「松風深處」。中設鼎彝〔註5〕玩好之物，壚燒榾柮，煨芋栗而啜之。因賦詩，有「松風乍響匙翻雪，梅影初橫月到窗」之句。或琴弈之間，樽俎之上，先生無不價焉。又性惡旨酒，每對醉客，必攘袂而剖析之。客醉亦因之而少解。少嗜詩書百家之學，誦至夜分，終不告倦。所至高其風味，樂其真率，而無詆評之者。而世之枯吻者，仰之如甘露；昏瞑者，飫之若醍醐。或譽之以嘉名，而先生亦不以為華。或咈之非義，而先生亦不與之較。其清苦狷介之操類如此。或者比倫之，以為伯夷之亞，其標格具於黃太史魯直之賦，其顛末祥諸蔡司諫君謨之譜，茲故弗及贅也。

　　太史公曰：賈氏有二出，其一晉文公舅子犯之子狐射姑，食采於賈，後世因以為姓。至漢文時，洛陽少年誼〔註6〕，挾經濟之才，上治安之策，帝以其深達國體，欲位之以卿相。灃〔註7〕灌之徒扼之，遂疏出之，為梁王太傅，弗伸厥志。雖其子孫蕃衍〔註8〕，終亦不振。有僭〔註9〕擬龍鳳團為號者，又其疏逖之屬，各以驕貴，誇侈日恣，競以旗槍。宗人咸相戒曰：「彼稔惡不悛懼，就烹於鼎鑊，盍逃之？」或隱於蒙山〔註10〕，或遁於建溪〔註11〕，居無何而禍作，後竟泯泯無聞。惟先生以清風苦節高之，故沒齒而無怨言，其亦庶幾乎篤志君子矣。

〔註3〕縢〔téng〕：約束、封閉。
〔註4〕迫〔yōu〕：古同「悠」。
〔註5〕彝〔yí〕：同「彝」。指宗廟常用之器物。
〔註6〕賈誼。
〔註7〕灃：〔fēng〕古同「澧」，水名；〔hóng〕，指大水。此處當指大水灌入。
〔註8〕今之「繁衍」義。
〔註9〕僭：〔jiàn〕，同「僭」；〔tiě〕，指奸詐狡猾。此處當為第二音義。
〔註10〕喻蒙山茶。
〔註11〕喻建溪茶。

27 茶話

〔明〕陳繼儒

題解

　　《茶話》錄於喻政《茶書全集》，乃是陳繼儒（1556～1639）茶語茶事之雋語集，共十九則。據考，此作原多散錄於陳繼儒《岩棲幽事》《太平清話》二著，獨立成書當是閑暇自輯或喻政編錄。此《茶話》中有些觀點頗為新奇，例如說：「昔人以陸羽飲茶比於后稷樹穀，及觀韓翃書云：吳王禮賢，方聞置茗，晉人愛客，才有分茶。則知開創之功非關桑藝老翁也。」「宋徽宗有《大觀茶論》二十篇，皆為碾餘烹點而設，不若陶穀十六湯，韻美之極。」似乎有意弱化陸羽、趙佶的茶學地位。但綜合考慮到陳繼儒一貫重在抒寫「性靈」，上述二者過於理論化的表達形式和內容顯然難以全入其法眼。於今而言，在茶道理論建構、茶學知識傳播方面，陳繼儒顯然無法和陸羽、趙佶等相比；然於茶道品飲、抒寫茶事禪性方面，顯然歷代又很難有出其右者。當然，正是因為這些不同時代、不同風格和側重點的多彩茶文化，才構成了完整而豐富的中國茶道系統。

正文

　　採茶欲精，藏茶欲燥，烹茶欲潔。

　　茶見日而味奪，墨見日而色灰。

　　品茶一人得神，二人得趣，三人得味，七八人是名施茶。

山谷《煎茶賦》云：「洶洶乎如澗松之以發清吹，浩浩乎如春空之行白雲。可謂得煎茶三昧〔註1〕。」

山谷云：「相茶瓢與相邛竹同法，不欲肥而欲瘦，但須飽風霜耳。」

箕踞於班竹林中，徙倚於青磯石上；所有道笈梵書，或校讎四五字，或參諷一兩章。茶不甚精，壺亦不燥，香不甚良，灰亦不死；短琴無曲而有弦，長謳無腔而有音。激氣發於林樾，好風送之水涯，若非羲皇以上，定亦稽阮之間。

三月茶筍初肥，梅風未困，九月蕈鱸正美，秫酒新香，勝客晴窗，出古人法書名畫，焚香評賞，無過此時。

昔人以陸羽飲茶比於后稷樹穀，及觀韓翃書云：吳王禮賢，方聞置茗，晉人愛客，才有分茶。則知開創之功非關桑藝老翁也。

太祖高皇帝極喜顧渚茶，定額貢三十二斤，歲以為常。

洞庭中西盡處有仙人茶，乃樹上之苔蘚也，四皓採以為茶。

吳人於十月採小春茶，此時不獨逗漏花枝，而尤喜日光晴暖，從此蹉過霜淒雁凍，不復可堪。

宋徽宗有《大觀茶論》二十篇，皆為碾餘烹點而設，不若陶穀十六湯，韻美之極。

徐長谷《品惠泉賦序》云：「叔皮何子遠遊來歸，汲惠山泉一罌遺予東皋之上。予方靜掩竹門，消詳鶴夢，奇事忽來，逸興橫發，乃乞新火煮而品之，使童於歸謝叔皮焉。」

瑯琊山出茶，類桑葉而小，山僧焙而藏之，其味甚清。

杜鴻漸《與楊祭酒書》云：「顧渚山中，紫筍茶兩片，此茶但恨帝未得嘗，實所歎息。一片上太夫人，一片充昆弟同啜。余鄉佘山茶，實與虎丘伯仲。深山名品，合獻至尊，惜收置不能五十斤也。」

蔡君謨湯取嫩而不取老，蓋為團茶發耳。今旗芽槍甲，湯不足則茶神不透，茶色不明。故茗戰之捷，尤在五沸。

琉球亦曉烹茶，設古鼎於几上，水將沸時，投茶末一匙，以湯沃之，少頃捧飲，味甚清。

山頂泉輕而清，山下泉清而重，石中泉清而甘。

〔註1〕「煎茶三昧」亦同「禪茶一味」，意在傳達茶道的至高境界並且的確也體現了禪茶的意趣，但須提防迷失於口舌暢快之中。

　　沙中泉清而冽，土中泉清而厚。流動者良於安靜，負陰者勝於向陽。山峭者泉寡，山秀者有神。真源無味，真水無香。

　　陶學士謂湯者茶之司命，此言最得三昧。馮祭酒精於茶政，手自料滌，然後飲客，客有笑者。余戲解之云：「此正如美人，又如古法書名畫，度可著俗漢手否？」〔註2〕

〔註 2〕將茶與美人、書畫雅道結合向來是文人雅士的癖好，並且固然精美高逸，卻常常是人心色欲、名利迷昧的延伸處，隱藏處，不可不察，不可不覺。

28 閔老子茶

〔明〕張岱

題解

　　《閔老子茶》錄於張岱《陶庵夢憶》卷三，見王雲五主編《叢書集成》，商務印書館 1939 年版。張岱（1597～1680），字石公，號陶庵，世稱「小品聖手」，有《陶庵夢憶》《石匱書》《西湖夢尋》等流傳。此文原是《陶庵夢憶》中的一篇小品文，因其茶趣盎然，遂被諸家獨立而出，成為茶文化名作。其主題是周墨農向張岱介紹閔汶水好飲茶，善烹茶，只是清高古怪，至於忘事忘身。而張岱善品鑒。於是某日拜訪，以怪對怪，品論茶水，相交忘機，直見禪家渾忘身心事世之趣。

正文

　　周墨農向余道閔汶水茶不置口。戊寅九月，至留都，抵岸，即訪閔汶水於桃葉渡。

　　日晡，汶水他出，遲其歸，乃婆娑一老。方敘話，遽起曰：「杖忘某所。」又去。余曰：「今日豈可空去！」

　　遲之又久，汶水返。更定矣。眴余曰：「客尚在耶，客在奚為者？」〔註1〕

　　余曰：「慕汶老久，今日不暢飲汶老茶，決不去。」

　　汶水喜，自起當爐。茶旋煮，速如風雨。〔註2〕導至一室，明窗淨几，荊

〔註1〕尚有主客之分，有揀擇。
〔註2〕煮茶技藝高絕，簡捷隨心。

溪壺、成宣窯瓷甌十餘種，皆精絕。〔註3〕燈下視茶色，與瓷甌無別而香氣逼人，余叫絕。

　　余問汶水曰：「此茶何產？」

　　汶水曰：「閬苑茶也。」

　　余再啜之，曰：「莫紿〔註4〕余。是閬苑製法，而味不似。」

　　汶水匿笑曰：「客知是何產？」

　　余再啜之，曰：「何其似羅岕甚也？」

　　汶水吐舌曰：「奇，奇！」

　　余問水何水，曰惠泉。

　　余又曰：「莫紿余！惠泉走千里，水勞而圭角不動，何也？」

　　汶水曰：「不復敢隱。其取惠水，必淘井，靜夜候新泉至，旋汲之。山石磊磊藉甕底，舟非風則勿行，放水之生磊。即尋常惠水，猶遜一頭地，況他水耶！」〔註5〕又吐舌曰：「奇，奇！」言未畢，汶水去。少頃持一壺滿斟余曰：「客啜此。」

　　余曰：「香撲烈，味甚渾厚，此春茶耶？向瀹者的是秋採。」

　　汶水大笑曰：「予年七十，精賞鑒者無客比。」

　　遂定交。

〔註3〕茶室之裝置高雅潔淨。

〔註4〕紿〔dài〕：欺騙紿、詭詐。

〔註5〕不失為一種獨絕清活的養水之法。古之茶法，核要還在於用心對待，飲之既久，自然萌生活水、活火、活茶、活法。

29 茗譚

〔明〕徐㶿

題解

　　《茗譚》撰於明萬曆四十一年（1613），錄於喻政《茶書全集》。作者徐㶿（1563～1639）終生布衣，好藏書，撰有《徐氏家藏書目》。《茗譚》的基礎內容多從歷代書著上摘取，主要記述茶事品飲清談、詩文典故、採造水泉等。不過，此「摘取」具有三個特質：首先，「散而不亂」，貫穿著清晰的線條、綱領——「清」。其文最重「清」趣，貫通首尾，有「清事」「清福」「極清」「清況」等說，實為作者要解，茶道之魂。其次，對「用香」有創見。如說「品茶最是清事，若無好香在爐，遂乏一段幽趣」。其「香」講究自然、淡雅、鮮活。徐氏認為，如似顧元慶《茶譜》所說「取諸花和茶藏之」，便奪茶真味；閩人「以茉莉之屬浸水瀹茶」，也違背茶理。最宜者就是「斟酌時，移建蘭、素馨、薔薇、越橘諸花於几案前，茶香與花香相親，尤助清況」。再次，借舊錄而抒己見。此作大部分內容雖是摘錄，但徐氏卻點石成金，於茶道有著自己的精絕看法。例如對王佛大所說的「三日不飲酒，覺形神不復相親」，則活用於茶：「余謂一日不飲茶，不獨形神不親，且語言亦覺無味矣。」對孫太白詩作「瓦鐺然野竹，石甕瀉秋江。水火聲初戰，旗槍勢已降」，又評論「得煮茶三昧」。此盡屬靈機一轉，韻味即出。另外，《茗譚》中還有多處涉及禪茶意趣者，如「山僧偶得製法，託松蘿之名」「舊知山寺路」「鼓山、方炒、九峰僧，各以所產見餉」「草堂書日留僧坐，自向前溪摘茗芽」，再如「品茶最是清事」「穀雨乍晴，柳風初暖，齋居燕坐，澹然寡營」等。總體而言，此作篇幅雖短，但實在是清新雅致之高論，在同類書作中極為突出。

正文

品茶最是清事，若無好香在爐，遂乏一段幽趣。焚香雅有逸韻，若無名茶浮碗，終少一番勝緣。是故茶香兩相為用，缺一不可。饗清福者，能有幾人！〔註1〕

王佛大常言：「三日不飲酒，覺形神不復相親。」余謂一日不飲茶，不獨形神不親，且語言亦覺無味矣。

幽竹山窗，鳥啼花落，獨坐展書。新茶初熟，鼻觀生香，睡魔頓卻，此樂正索解人不得也。

飲茶須擇清臒韻士為侶，始與茶理相契。若腯漢肥傖，滿身垢氣，大損香味，不可與作緣。

茶事極清，烹點必假姣童季女之手，故自有致。若付虯髯蒼頭，景色便自作惡。縱有名產，頓減聲價。

名茶每於酒筵間遞進，以解醉翁煩渴，亦是一厄。

古人煎茶詩摹寫湯候，各有精妙。皮日休云：「時看蟹目濺，乍見龜鱗起。」蘇子瞻云：「蟹眼已過魚眼生，颼颼欲作松風鳴。」蘇子由云：「銅鐺得火蚯蚓叫。」李南金云：「砌蟲卿卿萬蟬催。」想像此景，習習風生。

溫陵蔡元履《茶事詠》云：「煎水不煎茶，水高發茶味。大都瓶杓間，要有山林氣。」又云：「酒德泛然親，茶風必擇友。所以湯社事，須經我輩手。」真名言也。

《茶經》所載，閩方山產茶，今間有之，不如鼓山者佳。侯官有九峰、壽山，福清有靈石，永福有名山室，皆與鼓山伯仲。然製焙有巧拙，聲價因之低昂。

余欲構一室，中祀陸桑苧翁，左右以盧玉川、蔡君謨配饗，春秋祭用奇茗，是日約通茗事數人為鬥茗會，畏水厄者不與焉。

錢唐許然明著《茶疏》，四明屠幽叟著《茗笈》，聞隱鱗著《茶笈》，羅高君著《茶解》，南昌喻正之著《茶書》，數君子皆與予善，真臭味也。

注茶莫美於饒州瓷甌，藏茶莫美於泉州沙瓶。若用饒器藏茶，易於生潤。屠幽叟曰：「茶有遷德，幾微見防。如保赤子，云胡不藏。」宜三復之。

〔註1〕香、茗經常合用，古人善造佳境。

茶味最甘，烹之過苦，飲者遭良藥之厄。羅景綸《山靜日長》一篇，雅有幽致，但兩雲烹苦茗，似未得玄賞耳。

名茶難得，名泉尤不易尋。有茶而不瀹以名泉，猶無茶也。

吳中顧元慶《茶譜》取諸花和茶藏之，殊奪真味。閩人多以茉莉之屬浸水瀹茶，雖一時香氣浮碗，而於茶理大舛。但斟酌時，移建蘭、素馨、薔薇、越橘諸花於几案前，茶香與花香相親，尤助清況。

徐獻忠《水品》載，福州南台山泉清冷可愛，然不如東山聖泉，鼓山喝水岩泉，北龍腰山苔泉尤佳。

新安詹東圖孔目嘗謂人曰：「吾嗜茶，一啜能百五十碗，如人之於酒。直醉耳。」名其軒曰醉茶，其語頗不經。王元美、沈嘉則俱作歌贈之。王云：「酒耶茶耶俱我有，醉更名茶醒名酒。」沈云：「嘗聞西楚賣茶商，范瓷作羽沃沸湯。寄言今莫範陸羽，只鑄新安詹太史。」雖不能無嘲謔之意，而風致足羨。

孫太白詩云：「瓦鐺然野竹，石甕瀉秋江。水火聲初戰，旗槍勢已降。」得煮茶三昧。〔註2〕

吳門文子俳壽承，仲子也，詩題云：「午睡初足，侍兒烹天池茶至。爐宿餘香，花影在簾。」意頗閒暢。適馮正伯來借玉壺冰，因而作詩數語，足資飲茶譚柄。

高季迪云：「流水聲中響緯車，板橋春暗樹無花。風前何處香來近，隔塢人家午焙茶。」雅有山林風味，余喜誦之。

泉州清源山，產茶絕佳。又同安有一種英茶，較清泉尤勝，實七閩之第一品也。然《泉郡志》獨不稱此邦有茶，何耶？

余嘗至休寧，聞松蘿山以松多得名，無種茶者。《休志》云：「遠麓有地名榔源，產茶。山僧偶得製法，託松蘿之名，大噪一時，茶因湧貴。僧既還俗，客索茗於松蘿司牧，無以應，往往贗售。然世之所傳松蘿，豈皆榔源產歟？

人但知皇甫曾有《送陸羽採茶詩》，而不知皇甫冉亦有《送羽詩》云：「採茶非採菉，遠遠上層涯。布葉春風暖，盈筐白日斜。舊知山寺路，時宿野人家。借問王孫草，何時泛碗花？」

〔註2〕「三昧」為禪家之定心、淨心、透活，於一切時事中心無拘執染著。是以茶家常常套用三昧之極境，或說煮茶三昧、吃茶三昧、採茶三昧。但須知凡當下心有雜蕪求馳，即是「妄為三昧」，失於名言。

吳興顧渚山，唐置貢茶院，傍有金沙泉，汲造紫筍茶。有司具禮祭，始得水，事迄即涸。武夷山，宋置御茶園，中有喊山泉。仲春，縣官詣茶場致祭，井水漸滿，造茶畢，水遂渾涸。以一草木之微，能使水泉盈涸，茶通仙靈，信非虛語。

蘇子瞻愛玉女河水烹茶，破竹為契，使寺僧藏其一，以為往來之信，謂之調水符。吾鄉亦多名泉，而監司郡邑取以瀹茗，汲者往往雜他水以進，有司竟售其欺。蘇公竹符之設，自不可少耳。文徵明云「白絹旋開陽羨月，竹符新調惠山泉」，用蘇事也。

柳惲墳吳興白蘋洲，唐有胡生，以釘鉸為業，所居與墳近，每奠以茶。忽夢惲告曰：「吾柳姓，平生善詩嗜茗，感子茶茗之惠，無以為報，願子為詩。」生悟而學詩，時有胡釘鉸之稱。與《茶經》所載剡縣陳務妻獲錢事相類。噫！以惲之死數百年，猶託英靈，如此不知生前之嗜，又當何如也！

陸魯望嘗乘小舟，置筆床、茶灶、釣具，往來江湖。性嗜茶，買園於顧渚山下，自為品第，書繼《茶經》《茶訣》之後。有詩云：「決決春泉出洞霞，石壜封寄野人家。草堂盡日留僧坐，自向前溪摘茗芽。」可以想其風致矣。

種茶易，採茶難；採茶易，焙茶難；焙茶易，藏茶難；藏茶易，烹茶難。稍失法律，便減茶勳。

穀雨乍晴，柳風初暖，齋居燕坐，澹然寡營。適武夷道士寄新茗至，呼童烹點，而鼓山、方烄、九峰僧，各以所產見餉，乃盡試之。又思眠雲跂石人，了不可得。遂筆之於書，以貽同好。

萬曆癸丑暮春，徐渤興公書於荔奴軒。

30 茶箋

〔明〕聞龍

題解

此作錄於全國圖書館文獻縮放複製中心《中國古代茶道秘本五十種》第一冊。聞龍（1551～1631），明代人，字隱鱗，一字仲連，晚號飛遯翁，今浙江寧波人，事蹟見《鄞縣志》及《寧波府志》。《茶箋》約撰於1630年，乃依據作者自身實踐經驗論說茶的採製、收藏、用水、茶具及烹飲等，雖僅千餘字，但可見明代茶道之特色，其茶道工藝完全可植入於當代茶葉的採製品飲。此作乃是較為精緻的茶道性靈小品。其中，禪茶文化可取可用者，主要有三點：一是精細的採製工藝；二是對泉水、茶器的用工講究；三是山林元素、清閒心態的融入及呈現。

正文

茶初摘時，須揀去枝梗老葉，惟取嫩葉。又須去尖與柄，恐其易焦，此松蘿法也。

炒時須一人從旁扇之，以祛熱氣。否則黃，色香味俱減，予所親試。扇者色翠，不扇色黃。炒起出鐺時，置大瓷盤中，仍須急扇，令熱氣稍退。以手重揉之，再散入鐺，文火炒乾，入焙。蓋揉則其津上浮，點時香味易出。田子藝以生曬、不炒、不揉者為佳，亦未之試耳。〔註1〕

《經》云：「焙，鑿地深二尺，闊一尺五寸，長一丈。上作短牆，高二尺，泥之。」「以木構於焙上，編木兩層，高一尺，以焙茶。茶之半乾，升下棚。

〔註1〕茶不同，時不同，則法不同。不必拘泥。

全乾，升上棚。」愚謂今人不必全用此法。予嘗構一焙，室高不逾尋，方不及丈，縱廣正等，四圍及頂綿紙密糊，無小罅隙，置三四火缸於中，安新竹篩於缸內，預洗新麻布一片以襯之。散所炒茶於篩上，闔戶而焙，上面不可覆蓋。蓋茶葉尚潤，一覆則氣悶罨黃，須焙二三時，俟潤氣盡，然後覆以竹箕。焙極乾，出缸待冷，入器收藏。後再焙，亦用此法。色香與味，不致大減。

諸名茶，法多用炒，惟羅岕宜於蒸焙。味真蘊藉，世競珍之。即顧渚、陽羨、密邇、洞山，不復仿此。想此法偏宜於岕，未可概施他茗。而《經》已雲蒸之，焙之，則所從來遠矣。

吳人絕重岕茶，往往雜以黃黑箬，大是闕事。余每藏茶，必令樵青入山採竹箭箬，拭淨烘乾，護罌四周，半用剪碎，拌入茶中。經年發覆，青翠如新。

吾鄉四陲皆山，泉水在在有之，然皆淡而不甘，獨所謂它泉者，其源出自四明潺湲洞，歷大蘭、小皎諸名岫，回溪百折，幽澗千支，沿洄漫衍，不捨晝夜。唐鄮令王公元偉築堤它山，以分注江河，自洞抵堰，不下三數百里。水色蔚藍，素砂白石，粼粼見底，清寒甘滑，甲於郡中。余愧不能為浮家泛宅，送老於斯。每一臨泛，浹旬忘返，攜茗就烹，珍鮮特甚。洵源泉之最勝，甌犧之上味矣。以僻在海陬，圖經是漏。故又新之記罔聞，季疵之勺莫及，遂不得與谷簾諸泉，齒譬猶飛遁吉人，滅影貞士，直將逃名世外，亦且永託知稀矣。

山林隱逸，水銚用銀尚不易得，何況鍑乎。若用之恒，而卒歸於鐵也。

茶具滌畢，覆於竹架，俟其自乾為佳。其拭巾只宜拭外，切忌拭內。蓋布帨雖潔，一經人手，極易作氣。縱器不乾，亦無大害。

吳興姚叔度言：「茶葉多焙一次，則香味隨減一次。」予驗之，良然。但於始焙極燥，多用炭箬，如法封固，即梅雨連旬，燥固自若。惟開壇頻取，所以生潤，不得不再焙耳。

自四五月至八月，極宜致謹。九月以後，天氣漸肅，便可解嚴矣。雖然，能不弛懈，尤妙尤妙。

東坡云：「蔡君謨嗜茶，老病不能飲，日烹而玩之。」可發來者之一笑也。孰知千載之下，有同病焉。余嘗有詩云：「年老耽彌甚，脾寒量不勝。」去烹而玩之者，幾希矣。因憶老友周文甫，自少至老，茗碗薰爐，無時暫廢。飲茶日有定期：旦明、晏食、禺中、鋪時、下舂、黃昏，凡六舉。而客至烹點，不與焉。壽八十五，無疾而卒。非宿植清福，烏能舉世安享。視好而不能飲者，

所得不既多乎。嘗畜一龔春壺，摩挲寶愛，不啻掌珠，用之既久，外類紫玉，內如碧雲，真奇物也。後以殉葬。

　　按《經》云，第二沸，留熱以貯之，以備育華救沸之用者，名曰雋永。五人則行三碗，七人則行五碗。若遇六人，但闕其一。正得五人，即行三碗。以雋永補所闕人。故不必別約碗數也。〔註2〕

〔註2〕確實因人因茶而異。如普洱陳者，數十碗韻味深長。況且，飲茶全在舌喉身　　　心之觸受罷了。有心人可以試試：啜茶最後，少飲一杯清白淡水。如何？

31 茶董

〔明〕夏樹芳

題解

　　此作錄於全國圖書館文獻縮放複製中心《中國古代茶道秘本五十種》第一冊，並參考夏樹芳萬曆間清遠樓自刻本。夏樹芳，字茂卿，號冰蓮道人、大空居士、據梧居士，江陰人士，明代萬曆乙酉（1585）舉人，隱居數十年，壽八十卒，撰有《棲真志》《法喜志》《茶董》等作。《茶董》主要輯錄南北朝至金代之間的茶道典故、茶人趣事、茶藝茶類品飲等。夏樹芳具有較濃的佛學情結，這從其名號、作品名均可看出，而輯錄《茶董》的內容趨向以及敘述方法，均帶有禪家的灑脫氣象。對於禪茶文化建構來說，一者，可以大量採用此作典故及茶道知識，其中也不乏一些涉及禪僧茶事的內容；二者可以取用其有關茶道的哲理趣味，禪茶的重要形態之一，便是賞心悅目、從容不迫，而這些，此作均有體現。《茶董》雖只是重複輯錄各種茶事典故，但勝在豐富、全面、專題，基本上是一部粗線條茶史。閱讀此作，當可熟悉茶史典故之大半。

序言〔註1〕

敘

　　夫登高丘望遠海，酒固為吾儕張軍濟勝之資。而月團百片，消磨文字五千，或調鶴聽鶯，散發臥羲皇，則檜雨松風，一甌春雪，亦所亟賞。故斷崖缺石之上，木秀雲腴，往往於比吸靈芽，漱紅玉，淪氣滌慮，共作高齋清話。自晉唐而下，紛紛邾莒之會，各立勝場，品例淄澠，判若南董，遂以《茶董》名

〔註1〕某些版本中還有馮時可所撰序言，但本編所錄之底本《中國古代茶道秘本五十種》僅有夏樹芳、陳繼儒、董其昌之序，故僅錄三者。

篇。語曰：窮《春秋》，演《河圖》，不如載茗一車。誠重之矣。如謂此君面目嚴冷，而且以為水厄，且以為乳妖，則請效綦毋先生無作此事。冰蓮道人夏樹芳識。

小序

范希文云：「萬象森羅中，安知無茶星。」余以茶星名館，每與客茗戰，自謂獨飲得茶神，兩三人得茶趣，七八人乃施茶耳。新泉活火，老坡窺見此中三昧。然云出磨則屑餅作團矣。黃魯直去芎用鹽，去橘用薑，轉於點茶，全無交涉。今旗槍標格，天然色香映發。岕為冠，他山輔之，恨蘇黃不及見。若陸季疵復生，忍作毀茶論乎。江陰夏茂卿敘酒，其言甚豪。予笑曰：「觴政不綱，曲爵分愬，底詆呵監史，倒置章程，擊斗覆觚，幾於腐肋。何如隱囊紗帽，翛然林澗之間，摘露芽，煮雲腴，一洗百年塵土胃耶。醉鄉綱禁疏闊，豪士升堂，酒肉傖父，亦往往擁盾排闥而人。茶則反是，周有酒誥，漢三人聚飲，罰金有律。五代東都有曲禁，犯者族，而於茶獨無後言。吾朝九大塞著為令，銖兩茶不得出關，正恐濫觴於胡奴耳。蓋茶有不辱之節如此。熱腸如沸，茶不勝酒；幽韻如雲，酒不勝茶。酒類俠，茶類隱，酒固道廣，茶亦德素。茂卿茶之董狐也，試以我言平章之孰勝？」茂卿曰：「諾。」於是退而作《茶董》。陳繼儒書於素濤軒。

題詞

荀子曰：「其為人也多暇，其出人也不遠矣。」陶通明曰：「不為無益之事，何以悅有涯之生？」余謂茗碗之事足當之。蓋幽人高士，蟬脫勢利，藉以耗壯心而送日月。水源之輕重，辨若淄澠，火候之文武，調若丹鼎。非枕漱之侶不親，非文字之飲不比者也。當今此事，惟許夏茂卿拈出，顧渚陽羨肉食者往焉，茂卿亦安能禁。一似強笑不樂，強顏無歡，茶韻故自勝耳。予夙秉幽尚，入山十年，差可不愧茂卿語。今者驅車入閩，念鳳團龍餅，延津為瀹，豈必士思如廉頗思用趙。惟是絕交書所謂心不耐煩，而官事鞅掌者，競有負茶灶耳。茂卿猶能以同味諒我耶。雲間董其昌。

卷上

輕身換骨

陶弘景《雜錄》：芳茶輕身換骨，丹丘子、黃山君嘗服之。

還童振枯

李白《茶述》：余聞荊州玉泉寺，近清溪諸山。山洞往往有乳窟，窟中多玉泉交流。其水邊處處有茗草羅生，枝葉如碧玉。惟玉泉真公常採而飲之，年八十餘歲，顏色如桃花，而此茗清香滑熱，異於他所。所以能還童振枯，人人壽也。余遊金陵，見宗僧中孚，示余茶數十片，拳然重疊，其狀如手掌，號仙人掌茶。兼贈以詩，要余答之。後之高僧大隱，知仙人掌茶發於中孚衲子及青蓮居士李白也。

素瓷芳氣

顏魯公《月夜啜茶聯句》：流華淨肌骨，疏瀹滌心源。素瓷傳靜夜。芳氣滿閒軒。

丹丘仙品

謝宗《論茶》曰：此丹丘之仙茶，勝烏程之御荈。首閱碧澗明月，醉向霜華。豈可以酪蒼頭便應代酒從事。

憒悶常仰

劉琨，字越石，與兄子南兗州刺史演書曰：吾體中憒悶，常仰真茶，汝可置之。

腦痛服愈

隋文帝微時，夢神人易其腦骨，自爾腦痛。忽遇一僧云：「山中有茗草，服之當愈。」進士權紓贊曰：窮《春秋》，演《河圖》，不如載茗一車。

樂天六班

白樂天方齋，劉禹錫正病酒，乃饋菊苗虀、蘆菔鮓。換取樂天六班茶二囊以醒酒。禹錫有《西山蘭若試茶歌》：何況蒙山顧渚春，白泥赤印走風塵。欲知花乳清冷味，須是眠雲臥石人。

志崇三等

覺林院釋志崇，收茶三等。待客以驚雷莢，自奉以萱草帶，供佛以紫茸香。

好奇鬥勝

周韶好蓄奇茗，嘗與蔡君謨鬥勝，題品風味，君謨屈焉。

靜試對嘗

和靖先生林君《復試茶詩》曰：白雲峰下兩槍新，膩綠長鮮穀雨春。靜試恰如湖上雪，對嘗兼憶剡中人。

顧渚取租

甫里先生陸龜蒙，字魯望。嗜茶荈，置小園於顧渚山下。歲取租茶，自判品第。

芒履為易

朱桃椎，嘗織芒履置道上。見者為鬻，朱茗易之。

詩稱芳冠

張載，字孟陽，詩曰：芳茶冠六清，溢味播九區。

人號漏卮

琅邪王肅喜茗，一飲一斗，人因號為漏卮。肅初入魏，不食羊肉酪漿，常飯鯽魚羹，渴飲茗汁。高帝曰：「羊肉何如魚羹，茗飲何如酪漿。」肅對曰：「羊是陸產之最，魚是水族之長，羊比齊魯大邦，魚比邾莒小國，惟茗不中與酪作奴。」彭城王勰顧謂曰：「明日為卿設邾莒之會，亦有酪奴。」

顧況論

顧況，號逋翁，論茶云：煎以文火細煙，小鼎長泉。

薛能詩

唐薛能，字大拙，詩云：偷嫌曼倩桃無味，搗覺嫦娥藥不香。

高人愛惜

龍安有騎火茶，唐僧齊己詩：高人愛惜藏岩裏，白甄封題寄火前。

鮑姊著賦

鮑昭姊令輝，著《香茗賦》。

嬌女心劇

左思《嬌女詩》云：吾家有嬌女，皎皎頗白晰。小字為紈素，口齒自清歷。有姊字惠芳，眉目粲如畫。馳騖翔園林，果下皆生摘。貪華風雨中，倏忽數百適。心為茶荈劇，吹噓對鼎鑼。

山林性嗜

李約，字存博，雅度簡遠，有山林之致，一生不近粉黛。性嗜茶，嘗曰：「茶須緩火炙，活火煎。始則魚目散佈，微微有聲。中則四際泉湧，累累若貫珠。終則騰波鼓浪，水氣全消，此謂老湯。三沸之法，非活火不能成也。」客至不限甌數，竟日燕火，執器不倦。曾奉使行至陝州硤石縣東，愛渠水清流，旬日忘發。

姓余甘氏

胡嵩《飛龍澗飲茶》詩：「沾牙舊姓余甘氏，破睡當封不夜侯。陶穀愛其新奇，令猶子彝和之。」應聲曰：「生涼好喚雞蘇佛，回味宜稱橄欖仙。」彝時年十二。

名斛二瘕

桓征西諡宣武步將，喜飲茶至一斛二斗。一日過量，吐如牛肺一物，以茗澆之，容一斛二斗。客云：「此名斛二瘕。」

茗戰

孫樵，字可之，送茶與焦刑部：建陽丹山碧水之鄉，月澗雲龕之品，慎勿賤用之。時以鬥茶為茗戰。

茶宴

錢起，字仲文，與趙莒茶宴。又嘗過長孫宅與郎上人作茶會。

湯社

五代時，魯公和凝，字成績，率同列遞日以茶相飲，味劣者有罰。號為湯社。

茶品

陸羽，字鴻漸，品茶千類萬狀。有如胡人靴者，蹙縮然；犎牛臆者，廉襜然；浮雲出山者，輪囷然；輕飆出水者，涵澹然。此茶之精腴者也。有如竹籜者，簁莛然；如霜荷者，萎萃然。此茶之瘠老者也。又論茶有九難：陰採夜焙非造也，嚼味嗅香非別也，膏薪庖炭非火也，飛湍壅潦非水也，外熟內生非炙也，碧粉縹塵非末也，操艱攪遽非煮也，夏興冬廢非飲也，膩鼎腥甌非器也。造茶具二十四事，以都統籠貯之。遠近傾慕好事者，家藏一副。

碧沉香泛

曹鄴，字業之。《謝故人寄新茶》詩：劍外九華英，緘題下玉京。開時徵月上，碾處亂泉聲。半夜招僧至，孤吟對月烹。碧沉雲腳碎，香泛乳花輕。六腑睡神去，數朝詩思清。月餘不敢費，留伴肘書行。

翻玉添酥

唐奉節王好詩，嘗煎茶就李鄴侯題詩。鄴侯戲題云：旋洙翻成碧玉池，添酥散出琉璃眼。

慕巢知味

少傅白樂天《睡後煎茶》詩：「婆娑綠陰樹，斑駁青苔地。此處置繩床，旁邊洗茶器。白瓷甌甚潔，紅爐炭方熾。末下曲塵香，花浮魚眼沸。盛來有佳色，咽罷餘芳氣。不見楊慕巢，誰人知此味。」楊同州亦當時之善茶者也。

襲美雜詠

皮日休，字襲美。《茶中雜詠序》云：國朝茶事，竟陵陸季疵始為《經》三卷，後又有太原溫從雲、武威段碼之，各補茶事十數節，並存方冊。昔晉杜育有《荈賦》，季疵有《茶歌》，遂為茶具十詠寄天隨子。

龍陂仙子

開寶初，竇儀以新茶餉客，盒面標曰：龍陂仙子〔註2〕茶。

明月始生

明月峽在顧渚側，二山相對，石壁峭立，大澗中流，乳石飛走。茶生其間，尤為絕品。張文規所謂「明月峽前茶始生」是也。文規好學有文藻，蘇子由、孔武仲、何正臣皆與之遊。

盧仝自煎

孟諫議寄新茶，盧仝走筆作歌云：「柴門反關無俗客，紗帽籠頭自煎吃。」今洛陽有盧仝煮茶泉。

〔註2〕條目名為「龍陂仙子」，但內文卻是「龍陂山子」，此處據條目名而統一為「龍陂仙子」。關於是「龍陂仙子」還是「龍陂山子」，各典籍中記錄不一，如陳夢雷《欽定古今圖書集成·經濟彙編·食貨典》卷二百九十六、徐光啟《農政全書》卷三十九、陸廷燦《續茶經·一之源》、張英《御定淵鑒類函》卷三百九十、陳元龍《格致鏡原》卷二十一、陶穀《清異錄》卷下等均記錄為「龍陂山子」，而記為「龍陂仙子」者極少。但考其文化語境，名為「龍陂仙子」的可能性要大一些。

王濛水厄

晉司徒長史王濛，字仲祖，好飲茶。客至輒飲之。士大夫甚以為苦，每欲候濛，必云今日有水厄。

甘心苦口

皮光業，字文通，最耽茗飲。中表請嘗新柑，筵具甚豐。簪紱叢集，才至，未顧樽罍而呼茶甚急。徑進一巨觥。題詩曰：「未見甘心氏，先迎苦口師。」眾噱曰：「此師固清高，難以療饑也。」

吐雪堆雲

梅聖俞，字堯臣，《在楚斫茶磨題詩》有：「吐雪誇新茗，堆雲憶舊溪。北歸惟此急，藥臼不須齎。」可謂嗜茶之極矣。聖俞茶詩甚多，吳正仲餉新茶，沙門穎公遺碧霄峰茗，俱有吟詠。

樵青竹裏煎

顏清臣作張志和傳碑。漁童捧釣收綸，蘆中鼓枻。樵青蘇蘭薪桂，竹裏煎茶。

能仁石縫生

蔡君謨善別茶。建安能仁院有茶生石縫間，僧採造得茶八餅，號石岩白。以四餅遺蔡，四餅遺王內翰禹玉。歲除，蔡被召還闕，禹玉碾以待蔡，蔡捧甌未嘗輒曰：「此極似能仁石岩白。」禹玉未信，索帖驗之，乃服。

珍賜一餅

歐陽永叔，諡文忠。《歸田錄》云：茶之品莫貴於龍鳳團。小龍團仁宗尤所珍惜，雖輔臣未嘗輒賜，惟南郊大禮致齋之夕，中書樞密院各四人共賜一餅。宮人剪金為龍鳳花草綴其上。嘉祐七年，親享明堂，始人賜一餅。余亦恭與，至今藏之。因君謨著錄，輒附於後，庶知小龍團自君謨始。其可貴如此。

仙芽

蘇廙作《仙芽傳》，載作湯十六法。以老嫩言者凡三品，以緩急言者凡三品，以器標者凡五品，以薪論者凡五品。陶穀謂「湯者，茶之司命」。此言最得三昧。

甘露

新安王子鸞、豫章王子尚，詣曇濟道人於八公山。道人設茶茗，子尚味之曰：「此甘露也，何言茶茗！」

甘草癖

宣城何子華，邀客於剖金堂，酒半，出嘉陽嚴峻畫陸羽像，子華因言：「前代惑駿逸者為馬癖，泥貫索者為錢癖，愛子者有譽兒癖，耽書者有《左傳》癖。若此叟溺於茗事，何以名其癖？」楊粹仲曰：「茶雖珍未離草也，宜追目陸氏為甘草癖。」一坐稱佳。

聖陽花

雙林大士自往蒙頂結庵種茶，凡三年得絕佳者，號聖陽花，持歸供獻。

卷下

玉塵香乳

楊萬里，號誠齋。《謝傅尚書茶》：遠餉新茗，當自攜大瓢走汲溪泉，束澗底之散薪，燃折腳之石鼎。烹玉塵，啜香乳，以享天上故人之意。愧無胸中之書傳，但一味攪破菜園耳。

魚眼針芒

呂居仁，諡文清。詩：春陰養芽針鋒芒，沆瀣養膏冰雪香。玉斧運風寶月滿，密雲侯雨蒼龍翔。惠山寒泉第二品，武定烏瓷紅錦囊。浮花元屬三昧手，竹齋自試魚眼湯。

御史瓶

會昌初，監察御史鄭路，有兵察廳掌茶。茶必市蜀之佳者，貯於陶器，以防暑濕。御史躬親監啟，謂之御史茶瓶。

博士錢

常伯熊善茶，李季卿宣慰江南，至臨淮乃召伯熊。伯熊著黃帔衫烏紗幀，手執茶器，口通茶名。區分指點，左右刮目。茶熟，李為飲兩杯。既至江外，復召陸羽。羽衣野服，隨茶具而入，如伯熊故事。茶畢，季卿命取錢三十文，酬煎茶博士。鴻漸夙遊江介，通狎勝流。遂收茶錢茶具，雀躍而出，旁若無人。

貴新貴活

唐子西《鬥茶說》：茶不問團銙，要之貴新。水不問江井，要之貴活。唐相李衛公好飲惠山泉，置驛傳送，不遠數千里。近世歐陽少師得內賜小龍團，更閱三朝，賜茶尚在。此豈復有茶也哉。今吾提汲走龍塘，無數千步。此水宜茶，昔人以為不減清遠峽。而梅道趨建安，茶數日可至。故每歲新茶不過三月，頗得其勝。

一旗一槍

荊公王介甫《送元厚之》詩：「新茗齋中試一旗。」世謂茶之始生，而嫩者為一槍，寢大而開謂之旗。過此則不堪矣。

滌盡昏渴

劉言史《與孟郊洛北野泉上煎茶》：敲石取鮮火，撇泉避腥鱗。熒熒爨風鐺，拾得墜巢薪。恐乖靈草性，觸事皆手親。宛如摘山時，自飲指下春。湘瓷泛輕花，滌盡昏渴神。茲遊愜醒趣，可以話高人。

不畏寒暑

敦煌單道開，不畏寒暑，常服小石子。藥有松蜜薑桂茯苓之氣，時復飲茶蘇一二升而已。

乳妖

吳僧文了善烹茶。遊荊南，高保勉子季與延置紫雲庵，日試其藝。奏授華亭水大師，目曰乳妖。

湯戲

饌茶而幻出物象於湯面者，茶匠通神之藝也。沙門福全長於茶海，能注湯幻。茶成，將詩一句並點四甌共一絕句，泛乎湯表。檀越日造其門，求觀湯戲。全自詠詩曰：生成盞裏水丹青，巧畫工夫學不成。卻笑當年陸鴻漸，煎茶贏得好名聲。

百碗不厭

唐大中三年，東都進一僧，年一百三十歲。宣宗問：「服何藥致然？」對曰：「臣少也賤，不知藥，性本好茶，至處惟茶是求，或飲百碗不厭。」因賜茶五十斤，令居保壽寺。

一片同飲

杜鴻漸，字子巽。《與楊祭酒書》云：顧渚山中紫筍茶兩片，一片上太夫人，一片充昆弟同飲。此物但恨帝未得嘗，實所歎息。

天柱峰數角

有人授舒州牧，李德裕遺書曰：到郡日，天柱峰茶可惠三數角，其人獻數十斤，李不受。明年罷郡，用意精求獲數角投李，李閱而受之，曰：此茶可以消酒肉，因命烹一甌沃於肉食內，以銀合閉之，詰旦視其肉已化為水矣。眾服其廣識。

義興山萬兩

御史大夫李棲筠，字貞一，按義興，山僧有獻佳茗者，會客嘗之。芬香甘辣冠於他境，以為可薦於上，始進茶萬兩。

草木仙骨

丁晉公言，嘗謂石乳出壑嶺斷崖缺石之間，蓋草木之仙骨。又謂鳳山高不百丈，無危峰絕崦，而岡阜環抱，氣勢柔秀，宜乎嘉植靈卉之所發也。

山川真筍

黃儒《品茶要錄》云：「陸羽《茶經》不第建安之品，盡前此茶事未興，山川尚閟，露牙真筍，委翳消腐，而人不知耳。」宣和中，復有白茶勝雪。熊蕃曰：「使黃君閱今日，則前乎此者，未足詫也。」

竹瀝水取勝

蘇才翁嘗與蔡君謨鬥茶。蔡茶用惠山泉，蘇茶小劣。改用竹瀝水煎，遂能取勝。天台竹瀝水為佳，若以他水雜之則輒敗。

練囊末以進

韓晉公滉，字太沖。閟奉天之難，以夾練囊緘茶末，遣使建步以進。

鴉山鳥嘴

鄭谷，字若愚。《峽中煎茶》詩：簇簇新芽摘露光，小紅園裏火煎嘗。吳僧謾說鴉山好，蜀叟休誇鳥嘴香。合坐滿甌輕泛綠，開緘數片淺含黃。鹿門病客不歸去，酒渴更知春味長。

龍團鳳髓

蘇東坡嘗問大冶長老乞桃花茶，有《水調歌頭》一首：「已過幾番雨，前夜一聲雷。槍旗爭戰建溪，春色佔先魁。採取枝頭雀舌，帶露和煙搗碎，結就紫雲堆。輕動黃金碾，飛起綠塵埃。老龍團，真鳳髓，點將來。兔毫盞裏霎時，滋味舌頭回。喚醒青州從事，戰退睡魔百萬，夢不到陽臺。兩腋清風起，我欲上蓬萊。」坡嘗遊杭州諸寺，一日飲醲茶七碗。戲書云：「示病維摩原不病，在家靈運已忘家。何須魏帝一丸藥，且盡盧仝七碗茶。」

久食益意思

華佗，字元化。《食論》云：「苦茶，久食，益意思。」又神農《食經》：「茶茗宜久服，令人有力悅志。」

嘗味少知音

王禹偁，字元之。《過陸羽茶井》詩曰：甃石苔封百尺深，試令嘗味少知音。惟餘半夜泉中月，留得先生一片心。

黨家應不識

陶穀學士買得黨太尉故妓，取雪水烹團茶。謂妓曰：「黨家應不識此。」妓曰：「彼粗人，安得有此，但能向銷金帳下，淺斟低唱，飲羊羔兒酒耳。」陶愧其言。

蕃使亦有之

黨魯使西蕃，烹茶帳中，蕃使問何為。魯曰：「滌煩消渴，所謂茶也。」蕃使曰：「我亦有之。」命取出以示曰：「此壽州者，此顧渚者，此蘄門者。」

眉白眼青

茶家碾茶，須碾著眉上白乃為佳。曾茶山詩：「碾處曾看眉上白，分時為見眼中青。」茶山詩極清峭，如：「誰分金掌露，來作玉溪涼。喚起南柯夢，持來北焙春。子能來日鑄，吾得具風爐。」用字著語，俱有鍛鍊。

鯀哉點也

劉曄，字子儀，嘗與劉筠飲茶，問左右：「湯滾也未？」眾曰：「已滾。」筠曰：「僉曰鯀哉。」曄應聲曰：「吾與點也。」

瀑布山大獲

虞洪入山採茗，遇一道士牽三青牛，引洪至瀑布山。曰：「山中有茗，可以給餉。祈子他日有甌犧之餘，乞相遺也。」洪因設奠祀之。後常令家人入山，獲大茗焉。

武昌山大叢

《續搜神記》：晉孝武時，宣城秦精嘗入武昌山採茗。遇一毛人長丈餘，引精至山曲大叢茗處便去。須臾復來，乃探懷中橘與精，精怖，負茗而歸。

冰敲其晶瑩

王休居太白山下，每至冬時，取溪冰敲其晶瑩者，煮建茗待客。

水半是南零

江州刺史張又新，字孔昭。《煎茶水記》曰：「李季卿刺湖州，至維揚逢陸處士，即有傾蓋之雅。因過揚子驛曰：『陸君茶，天下莫不聞，揚子南零水又殊絕，今者二妙，千載一遇，何可輕失。』乃命軍士深詣南零取水。俄而水至，陸曰：『非南零者。』傾至半，遽曰：『止，是南零矣。』使者乃吐實，李與賓從皆大駭。李因向歷處之水，陸曰：『楚水第一，晉水最下。』因命筆口授而次第之。」

奈何穢吾素業

陸納，字祖言，為吳興太守。時衛將軍謝安常欲詣納。納兄子俶，怪納無所備，乃私蓄十數人饌具，既至，所設惟茶茗而已。俶遂陳盛饌，珍饈畢集。及安去，納杖俶四十。云：「汝既不能光益叔父，奈何穢吾素業。」

景仁乃有茶器

司馬溫公偕范蜀公遊嵩山，各攜茶往。溫公以紙為貼，蜀公盛以小黑合。溫公見之驚曰：「景仁乃有茶器。」蜀公聞其言，遂留合與寺僧。《邵氏聞見錄》云：「溫公與范景仁共登嵩頂，由輾轅道至龍門，涉伊水，坐香山憩石，臨八節灘，多有詩什。攜茶登覽，當在此時。」

列真上茶

溫嶠，字太真。條列真上茶千片，茗三百大薄。

溫山御荈

山謙之《吳興記》：烏程有溫山，出御荈。

白鶴僧園本

《岳陽風土記》載：㳠沏茶，李肇所謂㳠湖之含膏也。今惟白鶴僧園有千餘本。一歲不過一二十兩，土人謂之白鶴茶，味極甘香。

金地藏所植

西域僧金地藏，所植名金地茶。出煙霞雲霧之中，與地上產者其味夐〔註3〕絕。

名別茶荈

郭璞云：茶者，南方佳木。早取為茶，晚取為荈。

時食茗菜

晏子相齊，時食脫粟之飯。炙三戈、五卵、茗菜而已。

止受一串

陸宣公贄，字敬輿。張鎰餉錢百萬，止受茶一串。曰：「敢不承公之賜。」

地各數畝

葉夢得《避暑錄》：北苑茶有曾坑、沙溪二地。而沙溪色白，過於曾坑，但味短而微澀。草茶極品，惟雙井、顧渚。雙井在分寧縣，其地屬黃氏魯直家。顧渚在長興吉祥寺，其半為今劉侍郎希範所有。兩地各數畝，歲產茶不過五六斤，所以為難。

味勝醍醐

瀹茶當以聲為辨。李南金詩：「砌蟲唧唧萬蟬催，忽有千車捆載來。聽得松風並澗水，急呼縹色綠瓷杯。」後《鶴林玉露》復補一詩：「松風檜雨到來初，急引銅瓶離竹爐。待得聲聞俱寂後，一甌春雪勝醍醐。」蓋湯不欲老，老則過苦。聲如澗水松風，不宜遽瀹，惟移瓶去火，少待其沸止而瀹之，方為合節。此南金之所未講者也。

香薄蘭芷

范仲淹，字希文。《和章岷從事鬥茶歌》：新雷昨夜發何處，家家嬉笑穿雲去。露芽錯落一番新，綴玉含珠散嘉樹。北苑將期獻天子，林下雄豪先鬥美。鼎磨雲外首山銅，瓶攜江上中泠水。黃金碾畔綠塵飛，碧玉甌中翠濤

〔註3〕夐〔xiòng〕：遠，優等義。

起。鬥茶味兮輕醍醐，鬥茶香兮薄蘭芷。勝若登仙不可攀，輸同降將無窮恥。

密賜代酒

《韋曜傳》：孫皓每饗宴，坐席率以七升為限。雖不盡人口，皆澆灌取盡。曜飲酒不過二升，皓初禮異，密賜茶荈以代酒。

以為上供

張舜民，號芸叟，云：有唐茶品，以陽羨為上供，建溪北苑未著也。貞元中，常袞為建州刺史，始蒸焙而研之，謂研膏茶。

雀舌

沈括，字存中。《夢溪筆談》云：茶芽謂雀舌麥顆，言至嫩也。茶之美者其質素良，而所植之土又美。新芽一發，便長寸餘。其細如針，如雀舌。麥顆者，極下材耳。乃北人不識，誤為品題。予山居有茶論，復口占一絕：誰把嫩香名雀舌，定來北客未曾嘗。不知靈草天然異，一夜風吹一寸長。

蟬翼

毛文錫《茶譜》：有片甲蟬翼之異。

怎得黃九不窮

黃魯直論茶：「建溪如割，雙井如霆，日鑄如剹〔註4〕。」所著《煎茶賦》：「洶洶乎如澗松之發清吹，皓皓乎如春空之行白雲。」一日以小龍團半鋌，題詩贈晁无咎：「曲几蒲團聽煮湯，煎成車聲繞羊腸。雞蘇胡麻留渴羌，不應亂我官焙香。」東坡見之曰：「黃九恁地怎得不窮。」

未遭陽侯之難

蕭衍子西豐侯蕭正德歸降，時元乂欲為設茗，先問：「卿於水厄多少？」正德不曉乂意。答曰：「下官生於水鄉，立身以來未遭陽侯之難。」坐客大笑。

丐賜受煎炒

葉石林云：熙寧中，賈青字春卿，為福建轉運使。取小龍團之精者為密雲龍，自玉食外，戚里貴近丐賜尤繁。宣仁一日慨歎曰：「建州今後不得造密雲龍，受他人煎炒不得也。」此語頗傳播縉紳間。

〔註4〕剹〔jué〕：斷物。

包裹鑽權倖

周淮海《清波雜志》云：先人嘗從張晉彥覓茶，張口占二首：「內家新賜密雲龍，只到調元六七公。賴有家山供小草，猶堪詩老薦春風。仇池詩裏識焦坑，風味官焙可抗衡。鑽餘權倖亦及我，十輩遣前公試烹。」焦坑產庾嶺下，味苦硬，久方回甘。包裹鑽權倖，亦豈能望建溪之勝耶。

午碗春風

高士談，字季默，仕金為翰林學士，以詞賦擅長。蔡伯堅有詠茶詞：「天上賜金奩，不減壑源三月。午碗春風纖手，看一時如雪。幽人只慣茂林前，松風聽清絕。無奈十年黃卷，向枯腸搜徹。」士談和云：「誰扣玉川門，白絹斜封團月。晴日小窗活火，響一壺春雪。可憐桑苧一生顛，文字更清絕。直擬駕風歸去，把三山登徹。」

一甌月露

學士黨懷英，號竹溪。詠茶調《青玉案》：紅莎綠蒻春風餅，趁梅驛，來雲嶺。紫柱崖空瓊竇冷。佳人卻恨，等閒分破，縹緲雙鸞影。一甌月露心魂醒，更送清歌助幽興。痛飲休辭今夕永，與君洗盡，滿襟煩暑，別作高寒境。

見鬼覓茶〔註5〕

夏侯愷因疾死。宗人字苟奴，察見鬼神，見愷來收馬並病其妻，著平上幘單衣，入坐生時西壁大床，就人覓茶飲。

〔註5〕此條在《中國古代茶道秘事五十種》本中無，後據夏樹芳萬曆清遠樓自刻本以及《搜神記》錄入，置於最末。

32 茗史

〔明〕萬邦寧

題解

　　此文底本為南京圖書館清抄本藏本。此本《茗史》與《饌史》《奕史》共為一冊。此書流傳甚少，目前可見古本只此抄本。《續修四庫全書》及朱自振、沈冬梅、曾勤主編的《中國古代茶書集成》中，也據此抄本而錄。《茗史》約成書於明崇禎三年（1630），其體制、形態與夏樹芳《茶董》同趣，主要輯錄古今茶事典故，無具體茶道技藝內容，屬於文化雅趣類。《四庫全書總目》便是因此而稱其「未為博奧」，不以收錄。然而時至今日，《茗史》已變成較為重要的茶典。即使從禪茶角度來談，也屬較有份量者：首先，萬邦寧本身即於禪家著力較多，動輒自稱須頭陀邦寧，或常與點茶僧共飲，且舉禪門典故，說欲共證茗史並下三十棒喝，使須頭陀無愧。其次，《茗史》中錄有部分禪茶典故，如宋漱茗孤吟、茶庵、金地茶、卍字、乳妖等條目，均是禪茶的直接題材。再次，當代禪茶應該出入傳統與現代之間，充分汲取傳統茶文化理論、典故等，具有開放性地建構當代禪茶文化。

小引

一、自序

　　須頭陀邦寧，諦觀陸季疵《茶經》、蔡君謨《茶譜》，而採擇收製之法，品泉嚐水之方咸備矣。後之高人韻士相繼而說茗者，更加詳焉。蘇子瞻云「從來佳茗似佳人」，言其媚也。程宣子云「香銜雪尺，秀起雷車」，美其清也。蘇

廣著《十六湯》，造其玄也。然媚不如清，清不如玄，而茗之旨亦大矣哉。黃庭堅云：「不慣腐儒湯餅腸，則又不可與學究語也。」余癖嗜茗，嘗艤舟接它泉，或抱甕貯梅水，二三朋儕，羽客緇流，剝擊竹戶，聚話無生。余必躬治茗碗，以佐幽韻。固有「煙起茶鐺我自炊」之句。

時辛酉春，積雨凝寒，偃然無事，偶讀架上殘編一二品，凡及茗事而有奇致者，輒採焉，題曰《茗史》，以紀異也。此亦一種閒情，固成一種閒書，若令世間忙人見之，必攢眉俯首，擲地而去矣。誰知清涼散止點得熱腸漢子，醍醐汁止灌得有緣頂門。豈能盡怕河眾而皆度耶。但願蔡、陸兩先生，千載有知茗，起而曰此子能閒，此子知茗。或授我以博士錢三十文未可知也。復願世間好心人，共證茗史並下三十棒喝，使須頭陀無愧。

天啟元年閏二月望日，萬邦寧惟咸撰。

二、僧圓識

惟咸著《茗史》，羽翼陸《經》，鼓吹蔡《譜》，發揚幽韻，流播異聞。可謂善得水交茗戰之趣矣。浸假而鴻漸再來，必稱千古知己，君謨重邁，詎非一代陽秋乎。

點茶僧圓後識。

三、董大晟題

惟咸有茗好，才涉荈蔎嘉話，輒衷綴成編，腹中無塵，吻中有味，腕中能採，遂足情致。置一部几上，取佐清談，不待乳浮鐺沸，已兩腋習習生風，何復須縹醪酒水晶鹽。

崳海董大晟題。

四、李德述評

茗，仙品也。品品者，亦自有品，固雲林市朝，品殊不齊，醲鮮清苦，品品政自有別。惟咸鍾傲煙蘿，寄情篇什，饒度世輕，舉志深知茗理，精於點瀹，世外品也。爰製《茗史》，摭其奇而抉其奧，用為枕石漱流者助。余謂即等鴻漸之《經》、君謨之《譜》，奚其軒輊〔註1〕。

社弟李德述評。

〔註1〕軒輊〔xuān zhì〕：古時常用以描述車之平衡，前高後低為「軒」，前低後高為「輊」，後喻高低輕重。今有成語「不分軒輊」。

《茗史》之作，千古餘清，不弟為鴻漸功臣已也。且韻語正不在多，可無求備。佳敘閒情逸韻，飄然雲霞間，想使史中諸公讀一過，沁發茶腸，當不第七甌而止。

全天駿。

五、蔡起題

茗品代不乏人，茗書家自有製。吾友惟咸，既文既博，亦玄亦史，常令茶煙繞竹，龍團泛甌，一啜清談，以助玄賞，深得茗中三昧者也。因築古之諸茗家，或精或幻，或癖或奇，匯成一編。俾風人韻士，了然寓目，不逮於今懼濫觴也。君其泠泠倦骨，翩翩後雅。非品之高，烏為書之潔也哉。屠幽叟著《茗笈》，更不可無茗史，披閱並陳，允矣雙璧。

友弟蔡起白。

六、李桐封評

夫史以紀載實事，補綴缺遺。茗何以有史也，蓋惟咸嗜好幽潔，尤愛煮茗，故彙集茗話，靡事不載，靡缺不補，實寫自己沖襟，表前人逸韻耳。名之曰史，有以哉。昔仙人掌茶一事，述自青蓮居士；發自中孚衲子，以散得傳，今惟咸著史於茲鼎足矣。

社弟李桐封若甫。

歷代茶事

收茶三等

覺林院志崇，收茶三等。待客以驚雷莢，自奉以萱草帶，供佛以紫茸香。蓋最上以供佛，而最下以自奉也。客赴茶者，皆以油囊盛餘瀝而歸。

換茶醒酒

樂天方入關，劉禹錫正病酒。禹錫乃餽菊苗薤蘆菔鮓，取樂天六斑茶二囊，炙以醒酒。

縛奴投火

陸鴻漸採越江茶，使小奴子看焙。奴失睡，茶焦爍，鴻漸怒以鐵繩縛奴投火中。〔註2〕

〔註2〕此條見於《蠻甌志》，當屬傳奇異聞一類，未必屬實。若真如此，陸羽不過偏執暴戾之徒，妄言茶性罷了。

都統籠

陸鴻漸嘗為茶論，說茶之功效，並煎炙之法，造茶具二十四事，以都統籠貯之。遠近傾慕，好事者家藏一副。

漏卮

王肅初入魏，好食羊肉酪漿，常飯鯽魚羹，渴飲茶汁。京師士子見肅一飲一斗，號為漏卮。後與高祖會，食羊肉酪粥。高祖怪問之，對曰：「羊是陸產之最，魚是水族之長，所好不同，並各稱珍。羊比齊魯大邦，魚比邾莒小國，惟茗與酪作奴。」高祖大笑，因此號茗飲為酪奴。

載茗一車

隋文帝微時，夢神人易其腦骨，自爾腦痛。忽遇一僧云：「山中有茗草，煮而飲之，當愈。」服之有效，由是人競採掇。贊其略曰：窮《春秋》，演《河圖》，不如載茗一車。

湯社

五代時，魯公和凝，字成績，率同列遞日以茶相飲，味劣者有罰。號為湯社。

石岩白

蔡襄善別茶，建安能仁院有茶生石縫間。僧採造得茶八餅，號石岩白。以四餅遺蔡，以四餅密遣人走京師，遺王內翰禹玉。歲餘，蔡被召還闕，訪禹玉。禹玉命子弟於茶笥中選精品者以待蔡。蔡捧甌未嘗輒曰：「此極似能仁石岩白，公何以得之？」禹玉未信，索貼驗之，乃服。

斛茗瘕

桓宣武有一督將，因肘行病後虛熱，便能飲復茗，必一斛二斗乃飽，裁減升合，便以為大不足。後有客造之，更進五升，乃大吐。有一物出，如斗大，有口形，質縮縐，狀似牛肚。客乃令置之於盆中，以斛二斗復茗澆之，此物噏之都盡而止，覺小脹，又增五升，便悉混然從口中湧出。既吐此物，病遂瘥。或問之此何病。答曰：「此病名斛茗瘕。」

老姥鬻茗

晉元帝時，有老姥每日擎一器茗往市鬻之。市人競買，自旦至暮，其器不減。所得錢散路傍孤貧乞人。人或執而繫之於獄，夜擎所賣茗器，自牖飛出。

漁童樵青

唐肅宗賜高士張志和奴婢各一人，志和配為夫婦，名之曰漁童、樵青。人問其故，答曰：「漁童使捧釣收綸，蘆中鼓枻。樵青使蘇蘭薪桂，竹里煎茶。」

胡鉸釘

胡生者，以鉸釘為業。居近白蘋洲，傍有古墳，每因茶飲，必奠酬之。忽夢一人，謂之曰：「吾姓柳，平生善為濤而嗜茗。感子茶茗之惠，無以為報，欲教子為詩。」胡生辭以不能，柳強之曰：「但率子意言之，當有致矣。」生後遂工詩焉。時人謂之胡鉸釘詩。柳當是柳惲也。

茶茗甘露

新安王子鸞、豫章王子尚詣曇濟上人於八公山。濟設茶茗，尚味之曰：「此甘露也，何言茶茗！」

三戈五卵

《晏子春秋》：「嬰相齊景公時，食脫粟之飯，炙三戈、五卵、茗菜而已。」

景仁茶器

司馬溫公偕范蜀公遊嵩山，各攜茶往。溫公以紙為貼，蜀公盛以小黑合。溫公見之驚曰：「景仁乃有茶器。」蜀公聞其言，遂留合與寺僧。〔註3〕

真茶

劉琨，字越石，與兄子南兗州刺史演書云：「吾體中憒悶，常仰真茶，汝可致之。」

大茗

餘姚人虞洪入山採茗，遇一道士，牽三青牛，引洪至瀑布山。曰：「吾丹丘子也，聞子善具飲，常思見惠。山中有大茗，可以相給。祈子他日有甌犧之餘，乞相遺也。」洪因祀之，獲大茗焉。

療風

瀘州有茶樹，夷獠常攜瓢置側，登樹採摘，芽葉必先銜於口中，其味極佳，辛而性熱。彼人云「飲之療風」。

〔註3〕他本有注：「《邵氏聞見錄》云：溫公與范景仁共登嵩頂，由轘轅道至龍門，涉伊水，坐香山憩石，臨八節灘，多有詩什。攜茶登覽，當在此時。」

益蠶

江浙間養蠶，皆以鹽藏其繭而繰絲，恐蠶蛾之生也。每繰畢，煎茶葉為汁，搗米粉搜之，篩於茶汁中，煮為粥。謂之洗甌粥。聚族以啜之，謂益明年之蠶。

入山採茗

晉孝武世，宣城人秦精常入武昌山採茗，忽見一人，身長一丈，遍體生毛，率其腰至山曲叢茗處，放之便去。須臾復來，乃探懷中橘與精，甚怖。負茗而歸。

趙贊典稅

唐貞元，趙贊典茶稅，而張滂繼之。長慶初，王播又增其數。大中裴休立十二條之利。

張滂請稅

貞元中，先是鹽鐵張滂，奏請稅茶，以待水旱之闕賦。詔曰可。是歲得鐵四十萬。

鄭注榷法

鄭注為榷茶法，詔王涯為榷茶使，益變茶法，益其稅以濟用度。下益困。

甌犧之費

陸龜蒙魯望，嗜茶荈。置小苑於顧渚山下，歲嗜茶入薄，為甌犧之費。自為品第，書一篇繼《茶經》《茶訣》。

雪水煮茶

陶穀買得黨太尉故妓，取雪水煮團茶，謂妓曰：「黨家應不識此。」妓曰：「彼粗人安得有此，但能銷金帳中淺斟低唱，飲羊羔兒酒。」陶愧其言。

榷茶

張詠令崇陽，民以茶為業。公曰：「茶利厚，官將榷之。」命拔茶以植桑，民以為苦。其後榷茶，他縣皆失業，而崇陽之桑已成。其為政知所先後如此。

七奠

桓溫為揚州牧，性儉。每宴飲，唯下七奠柈茶果而已。

好慕水厄

晉時，給事中劉縞慕王肅之風，專習茗飲。彭城王謂縞曰：「卿不慕王侯八珍，好蒼頭水厄，海上有逐臭之夫，里內有學顰之婦，卿即是也。」

靈泉供造

湖州長洲縣啄木嶺金沙泉，每歲造茶之所也。湖長二縣，接界於此，厥土有境會亭。每茶時，二牧畢至，斯泉處沙中，居常無水。將造茶，太守具儀注，拜敕祭泉，頃之發源，其夕清溢。供御者畢，水即微減。供堂者畢，水已半之。太守造畢，水即涸矣。太守或還旗稽留，則示風雷之變，或見驚獸毒蛇木魅之類，商旅即以顧渚造之，無沾金沙者。

官焙香

黃魯直一日以小龍團半鋌，題詩贈趙元咎：「曲几蒲團聽煮湯，煎成車聲繞羊腸。雞蘇胡麻留渴羌，不應亂我官焙香。」東坡見之曰：「黃九怎得不窮。」

蘇蔡鬥茶

蘇才翁與蔡君謨鬥茶，蔡用惠山泉，蘇茶小劣，用竹瀝水煎，遂能取勝。竹瀝水，天台泉名。

品題風味

杭妓周韶有詩名，好蓄奇茗，嘗與蔡君謨鬥勝。品題風味，君謨屈焉。

漱茗孤吟

宋僧文瑩，博學攻詩，多與達人墨士相賓主。堂前種竹數竿，畜鶴一支〔註4〕，遇月明風清，則倚竹調鶴，漱茗孤吟。

吾與點也

劉曄嘗與劉筠飲茶，問左右云：「湯滾也未？」眾曰：「已滾。」筠曰：「僉曰緐哉。」曄應聲曰：「吾與點也。」

清泉白石

倪元鎮性好潔，閣前置梧石，日令人洗拭。又好飲茶，在惠山中，用核桃松子肉和真粉，成小塊如石狀。置茶中，名曰清泉白石茶。

〔註4〕依今文當為「只」。

茶庵

盧廷璧嗜茶成癖,號曰茶庵。嘗畜元僧詎可庭茶具十事,時具衣冠拜之。

香茶

江參,字貫道,江南人。形貌清臞,嗜香茶以為生。

殺風景

唐李義府,以對花啜茶為殺風景。

陽侯難

侍中元乂為蕭正德設茗,先問:「卿於水厄多少?」正德不曉乂意,答:
「下官雖生水鄉,立身以來,未遭陽侯之難。」舉座大笑。

清香滑熱

李白云:「荊州玉泉寺近青溪諸山,山洞往往有乳窟。窟中多玉泉交流,
其水邊處處有茗草羅生,枝葉如碧玉。惟玉泉真公常採而飲之,年八十餘歲,
顏色如桃花,而此茗清香滑熱,異於他所,所以能還童振枯,人人壽也。」

仙人掌茶

李白遊金陵,見宗僧中孚示以茶數十片,狀如手掌,號仙人掌茶。

敲冰煮茶

逸人王休,居太白山下,日與僧道異人往還。每至冬時,取溪冰,敲其
精瑩者煮建茗,共賓客飲之。

鋌子茶

顯德初,大理徐恪嘗以龍團鋌子茶貽陶穀。茶面印文曰「玉蟬膏」,又一
種曰「清風使」。

他人煎炒

熙寧中,賈青字春卿,為福建轉運使。取小龍團之精者,為密雲龍。自
玉食外,戚里賞近丐賜尤繁。宣仁一日慨歎曰:「建州今後不得造密雲龍,受
他人之煎炒不得也。」此語頗傳播縉紳。

滌煩療渴

常魯使西蕃,烹茶帳中,謂蕃人曰:「滌煩療渴,所謂茶也。」蕃人曰:
「我此亦有。」命取以出,指曰:「此壽州者,此顧渚者,此蘄門者。」

水厄

晉王濛好飲茶，人至輒命飲之。士大夫皆患之，每欲往，必云：「今日有水厄。」

伯熊善茶

陸羽著《茶經》，常伯熊復著《論》而推廣之。李季卿宣尉江南，至臨淮知伯熊善茶，乃請伯熊。伯熊著黃帔衫、烏紗幘，手執茶器，口通茶名，區分指點，左右刮目。茶熟，李為飲兩杯。既到江外，復請鴻漸。鴻漸衣野服，隨茶具而入，如伯熊故事。茶畢，季卿命取錢三十文酬博士，鴻漸夙遊江介，通狎勝流，遂收茶錢茶具。雀躍而出，旁若無人。

玩茗

茶可於口，墨可於目。蔡君謨老病不能飲，則烹而玩之。

素業

陸納為吳興太守時，衛將軍謝安嘗欲詣納。納兄子俶，怪納無所備，不敢問。乃私為具。安既至，納所設唯茶果而已。俶遂陳盛饌，珍羞畢具。及安去，納杖俶四十。云：「汝既不能光益叔父，奈何穢吾素業。」

密賜茶茗

孫皓每宴席，飲無能否，每率以七升為限。雖不悉入口，澆灌取盡。韋曜飲酒，不過二升。初見禮異，密賜茶茗以當酒。至於寵衰，更見逼強，輒以為罪。

獲錢十萬

剡縣陳務妻少寡，與二子同居，好飲茶。家有古冢，每飲必先祀之。二子欲掘之，母止之。但夢人致感云：「吾雖潛朽壤，豈忘翳桑之報。」及曉，於庭中獲錢十萬，似久埋者，惟貫新耳。

南零水

御史李季卿刺湖州，至維揚，逢陸處士，李素熟陸名，即有傾蓋之雅，因之赴郡，抵揚子驛。將飲，李曰：「陸君善於茶，蓋天下聞名矣。況揚子南零水又殊絕，可命軍士深詣南零取水。」俄而水至，陸曰：「非南零者。」既而傾諸盆，至半遽曰止：「是南零矣。」使者大駭曰：「某自南零齊，至岸舟蕩

覆半，挹岸水增之，處士神鑒其敢隱焉。」李與賓徒皆大駭愕，李因問歷處之水。陸曰：「楚水第一，晉水最下。」因命筆口授而次第之。

德宗煎茶

唐德宗，好煎茶加酥椒之類。

金地茶

西域僧金地藏，所植名金地茶，出煙霞雲霧之中，與地上產者，其味瓊絕。

殿茶

翰林學士，春晚人困，則日賜成象殿茶。

大小龍茶

大小龍茶，始於丁晉公而成於蔡君謨。歐陽永叔聞君謨進龍團，驚歎曰：「君謨士人也，何至作此事。」今年閩中監司乞進鬥茶，許之。故其詩云：「武夷溪邊粟粒芽，前丁後蔡相籠加。爭買龍團各出意，今年斗品充官茶。」則知始作俑者，大可罪也。

茶神

鬻茶者，陶羽形置煬突間，祀為茶神。茗不利，輒灌注之。

為熱為冷

任瞻，字育長，少時有令名，自過江失志。既下飲，問人云此為茶為茗。覺人有怪色，乃自申明曰：「向問飲為熱為冷耳。」

卍字

東坡以茶供五百羅漢，每甌現卍字。

乳妖

吳僧文了善烹茶，遊荊南高季興，延置紫雲庵，日試其藝，奏授華亭水大師。目曰乳妖。

李約嗜茶

李約性嗜茶，客至不限甌數，竟日爇火執器不倦。曾奉使至陝州硤石縣東，愛渠水清流，旬日忘發。

玉茸

偽唐徐履，掌建陽茶局。弟復治海陵鹽政鹽檢。烹煉之亭，榜曰金鹵。履聞之，潔敞焙捨，命曰玉茸。

茗戰

孫樵可之送茶與焦刑部，建陽丹山碧水之鄉，月澗雲龕之品，慎勿賤用之。時以鬥茶為茗戰。

茶會

錢起，字仲文，與趙莒茶宴，又嘗過長孫宅，與朗上人作茶會。

龍陂仙子

開寶初，竇儀以新茶餉客，奩面標曰「龍陂仙子茶」。

苦口師

皮光業，字文通，最耽茗飲。中表請嘗新柑，筵具甚豐，簪紱藂〔註5〕集。才至，未顧樽罍而呼茶甚急，競進一巨觥。題詩曰：「未見甘心氏，先迎苦口師。」眾譁曰：「此師固清高，難以療饑也。」

龍鳳團

歐陽永叔云：「茶之品，莫貴於龍鳳團，仁宗尤所珍惜，雖輔巨未嘗輒賜。惟南郊大禮致齊之夕，中書樞密院各四人共賜一餅，官人剪金為龍鳳花草綴其上。嘉祐七年，親享明堂始人各賜一餅，余亦恭與，至今藏之。」

甘草癖

宣城何子華客於剖金堂。酒半，出嘉陽嚴峻畫陸羽像。子華因言：「前代惑駿逸者為馬癖，泥貫索者為錢癖，愛子者有譽兒癖，耽書者有《左傳》癖。若此叟溺於茗事，何以名其癖？」楊粹仲曰：「茶雖珍，未離草也，宜追目陸氏為甘草癖。」一座稱佳。

結庵種茶

雙林大士，自往蒙頂結庵種茶。凡三年，得絕佳者，號聖陽花、吉祥蕊，各五斤持歸供獻。〔註6〕

〔註5〕藂〔cóng〕：同「叢」。
〔註6〕宋代陶穀《荈茗錄·聖陽花》一目中如此記：「吳僧梵川，誓願燃頂供養雙林傅大士。自往蒙頂結庵種茶。凡三年，味方全美。得絕佳者聖陽花、吉祥蕊，

攪破菜園

楊誠齋《謝傅尚書茶》:「遠餉新茗,當自攜大瓢,走汲溪泉,束澗底之散薪,然折腳之石鼎,烹玉塵,啜香乳,以享天上故人之意。愧無胸中之書傳,但一味攪破菜園耳。」

御史茶瓶

會昌初,監察御史鄭路,有兵察聽掌茶,茶必市蜀之。佳者貯於陶器,以防暑濕。御史躬親監啟,謂之御史茶瓶。

湯戲

饌茶而幻出物象於湯面者,茶匠通神之藝也。沙門福全,長於茶海,能注湯幻茶成將詩一句。並點四甌,共一絕句,泛乎湯表。檀越日造其門求觀湯戲。

百碗不厭

唐大中三年,東都進一僧,年一百三十歲。宣宗問:「服何藥致然?」對曰:「臣少也賤,不知藥性,本好茶,至處惟茶是求,或飲百碗不厭。」因賜茶五十斤,令居保壽寺。

恨帝未嘗

杜鴻漸〔註7〕《與楊祭酒書》云:「顧渚山中紫筍茶兩片,一片上太夫人,一片充昆弟同歠〔註8〕。此物但恨帝未得嘗,實所歎息。」

天柱峰茶

有人授舒州牧,李德裕遺書曰:「到郡日,天柱峰茶可與數角。」其人獻數十斤,李不受。明年罷郡。用意精求獲數角投李,李閔而受之。曰:「此茶可以消酒肉。」因命烹一甌,沃於肉食內,以銀合閉之。詰旦,視其肉已化為水矣。眾服其廣識。

進茶萬兩

御史大夫李棲筠,字貞一。按義興,山僧有獻佳茗者,會客嘗之,芬香甘辣,冠於他境,以為可薦於上。始進茶萬兩。

共不逾五斤,持歸供獻。」乃是吳僧梵川結庵種茶供奉傅大士,而此處敘述為傅大士結庵種茶供佛。蓋是後者所記有誤。

〔註7〕他本此後有「字子巽」三字。

〔註8〕歠〔chuò〕:喝,飲。

練囊

韓晉公滉，字太沖。聞奉天之難，以夾練囊緘茶末，遣使健步以進。

漸兒所為

竟陵大師積公嗜茶，非羽供事不鄉口。羽出遊江湖四五載，師絕於茶味。代宗聞之，召人供奉，命宮人善茶者餉師，師一啜而罷。帝疑其詐，私訪羽召入。翼日，賜師齊，密令羽煎茶。師捧甌喜動顏色，且賞且啜。曰：「有若漸兒所為也。」帝由是歎師知茶，出羽見之。

麒麟草

元和時，館閣湯飲待學士，煎麒麟草。

白蛇銜子

義興南嶽寺有真珠泉，稠錫禪師嘗飲之，曰：「此泉烹桐廬茶，不亦可乎！」未幾，有白蛇銜子墮寺前，由此滋蔓，茶味倍佳，土人重之。

山號大恩

藩鎮潘仁恭禁南方茶，自擷山為茶，號山曰大恩，以邀利。

自潑湯茶

杜鄺〔註9〕公悰，位極人臣，嘗與同列言：「平生不稱意有三，其一為澧州刺史，其二貶司農鄉，其三自西川移鎮廣陵，舟次瞿唐，為駭浪所驚，左右呼喚不至，渴甚，自潑湯茶吃也。」

止受一串

陸宣公贄，字敬，與張鎰餉錢百萬，止受茶一串，曰：「敢不承公之賜。」

綠葉紫莖

同昌公主，上每賜饌，其茶有綠葉紫莖之號。

三昧

蘇廙作《仙芽傳》，載作湯十六法，以老嫩言者凡三品，以緩急言者凡三品，以器標者共五品，以薪論者共五品。陶穀謂「湯者茶之司命」，此言最得三昧。

〔註9〕鄺〔bīn〕：本意指鄺山，亦作「邠」，此處嵌入人名號。

贅言

得趣〔註10〕

須頭陀曰：展卷須明窗淨几，心神怡曠，與史中名士宛然相對。勿生怠我慢心，則清趣自饒。

愛護

代枕、挾刺、覆瓿、黏窗、指痕、汗跡、墨痕，最是惡趣。昔司馬溫公讀書，獨樂園中翻閱未竟，雖有急務，必待卷束整齊，然後得起，其愛護如此。千函萬軸，至老皆新，若未觸手者。

靜對

聞前人平生有三願，以讀盡世間好書為第二願。然此固不敢以好書自居，而遊藝之暇，亦可以當鼓吹。

廣傳

朱紫陽云：漢吳恢欲殺青以寫漢書，晁以道欲得公穀傳〔註11〕，遍求無之。後獲一本，方得寫傳。余竊慕之，不敢秘焉。

削蔓

奇正幻癖，凡可省目者悉載。鮮韻致者亦不盡錄。

客辯

客有問於余曰：「云何不入詩詞？」恐傷濫也。客又問：「云何不紀點瀹？」懼難盡也。客曰然。

隨喜

獨坐竹窗，寒如剝膚。眠食之餘，偶於架上殘編寸楮〔註12〕，信手拈來，觸目輒書，因記代無次。

精嚴

印必精簾，裝必嚴麗。

〔註10〕此題本在句後，編者置之於前，以使旨要更加突出。
〔註11〕公穀傳： 指《公羊傳》《穀梁傳》。
〔註12〕楮〔chǔ〕：紙。此處代指書籍。

資遊

文人韻士，泛賞登眺，必具清供，願以是編共作藥籠之備。

贅言凡九品，題於竹林書屋。

甬上萬邦寧惟咸氏。

33 茶寮記

〔明〕陸樹聲

題解

　　此記錄於全國圖書館文獻縮放複製中心《中國古代茶道秘本五十種》第一冊。錄本中題為「適園無諍居士陸樹聲著，嘉禾梅癲道人周履靖校」。陸樹聲（1509～1605），字與吉，號平泉，松江華亭人，官至禮部尚書。《茶寮記》極為短小，然而禪意畢現。如所謂「客至則茶煙隱隱起竹外。其禪客過從予者，每與余相對，結跏趺坐，啜茗汁，舉無生話」。乃及其中與適園無諍居士與五臺僧演鎮、終南僧明亮，同試天池茶於茶寮中諳記等內容，不但說茶，也是談禪，更演繹出了將禪茶融於日常的生活方式。陸樹聲是官員，並非出家人，但於禪茶神趣之把握深得其髓，此作是非常典型的禪茶論典。

記文

　　園居敞小寮於嘯軒埠垣之西，中設茶灶，凡瓢汲罌注、濯拂之具咸庀〔註1〕。擇一人稍通茗事者主之，一人佐炊汲。〔註2〕客至則茶煙隱隱起竹外。其禪客過從予者，每與余相對，結跏趺坐，啜茗汁，舉無生話。〔註3〕終南僧明亮者，近從天池來。餉餘天池苦茶，授余烹點法甚細。余嘗受其法於陽羨士人，大率先火候，其次候湯，所謂蟹眼魚目，參沸沫沉浮以驗生熟者，法皆

〔註1〕庀〔pǐ〕：具備。
〔註2〕有專門的煮茶取水者以役，是典型的士大夫茶趣。
〔註3〕結跏趺坐，無話，吃茶，安住於茶。

同。〔註4〕而僧所烹點絕味清，乳面不黟〔註5〕，是具入清淨味中三昧者。要之，此一味非眠雲跂石人未易領略。〔註6〕余方遠俗，雅意禪棲，安知不因是遂悟入趙州耶？時杪〔註7〕秋既望，適園無諍居士與五臺僧演鎮、終南僧明亮，同試天池茶於茶寮中。謾記。〔註8〕

〔註4〕大底歷代茶法，步驟程序並無太大差異。欲從「茶法」上創新已難，禪茶之
　　　道，於是從主體人的生命境、證境上尋求突破。
〔註5〕黟〔yī〕：暗、黑、雜亂。
〔註6〕此茶事中融入了個體修學的生命境界，按陸樹聲所說，欲得此清淨味中三昧，
　　　須是眠雲跂石之真禪者。
〔註7〕杪〔miǎo〕：末端、尾聲。
〔註8〕見國家圖書館：《中國古代茶道秘本五十種》第一冊，第538～539頁。

34 煎茶七類

〔明〕高叔嗣

題解

　　《煎茶七類》見全國圖書館文獻縮放複製中心《中國古代茶道秘本五十種》第一冊。《煎茶七類》撰於 1575 年前後，現流傳者多見或云徐渭撰，然《天香樓藏帖》所收行書《煎茶七類》中有徐渭自跋：「是七類乃盧仝作也。」故知作者並非徐渭。又或因附錄於《茶寮記》之後而認為是陸樹聲撰，但《中國古代茶道秘本五十種》中的《茶寮記》後，也同樣附錄陶穀《荈茗錄》，再據《茶寮記》內容推測，當也非陸樹聲所撰。此處依據《中國古代茶道秘本五十種》所錄，認為是明代高叔嗣（1501～1537）所作。「七類」者，人品、品泉、煎點、嘗茶、茶候、茶侶、茶勳，其中甚有「僧寮道院，松風竹月」的清逸，且其七品，均有灑脫、閒適、優雅之禪茶趣味。之後有華淑《品茶八要》者，也頗同趣，不過內容大多相同，當是華淑引用或高仿《煎茶七類》而成。

一人品

　　煎茶非漫浪〔註1〕，要須其人與茶品相得。故其法每傳於高流隱逸，有雲霞泉石、磊塊胸次間者。

二品泉

　　泉水以山水為上，次江水，井水次之。井取多汲者，汲多則水活。然須旋汲旋煮，汲久宿貯，味減鮮冽。〔註2〕

〔註1〕煎茶、吃茶、禪茶，要義均不得漫浪，收斂、認真、專注才可契入真趣。
〔註2〕水活、活火不及法活，法活須得人活。

三煎點

煎用活火，候湯眼鱗起，味〔註3〕餑鼓泛，投茗器中。初入湯少許，俟湯茗相投，即滿注。雲腳漸開，乳花浮面，則味全。驟則泛〔註4〕味，過熟則味昏底滯。

四嘗茶

茶入口先灌漱，須徐啜。俟甘津潮舌，則得真味。雜他果則香味俱奪。

五茶候

涼臺靜室，明窗曲几，僧寮道院，松風竹月，晏坐行吟，清譚把卷。

六茶侶

翰卿墨客，緇流羽士，逸老散人，或軒冕之徒，超軼世味者。

七茶勳

除雪煩滯，滌醒〔註5〕破睡，談客〔註6〕書倦，是時茗碗策勳，不減凌煙。

附《品茶八要》〔註7〕

一人品

煎茶非漫浪，要須其人與茶品相得。故其法每傳於高流隱逸，有雲霞泉石、磊塊胸次間者。

二品泉

泉品以山水為上，次梅水，次江水，次井水。井取汲多者，汲多則水活。然須旋汲旋烹，久宿貯者，味減鮮冽。

〔註3〕疑當為「沫」。
〔註4〕疑當為「乏」。
〔註5〕原文為「醒」，但考上下文義，且與他本互證，當為「醒」字，乃酒醉神昏之意。主版本中長將此「醒」字誤寫為「醒」。
〔註6〕他本為「談渴」。
〔註7〕作者明代華淑。見國家圖書館：《中國古代茶道秘本五十種》第一冊，第423頁。《品茶八要》內容多是沿用《煎茶七類》，僅僅是多出「四茶器」一節，其餘內容大同小異。從高叔嗣（1501～1537）及華淑（1589～1643）所處年代來看，《品茶八要》當是華淑引用、增益高叔嗣《煎茶七類》而成。此處附錄以作參考。

三烹點

煎用活火，候湯眼鱗鱗起，沫餑鼓泛，投茗器中。初入湯少許，俟湯茗相投，即滿注。雲腳漸開，乳花浮面，則味全。蓋古茶用團餅，碾屑味易出，葉茶驟則乏味，過熟則味昏底滯。

四茶器

茶器須宜興粗砂小料者為佳，入銅錫器，泉味便失。

五試茶

茶入口徐啜則得真味，雜他果則香味俱奪。〔註8〕

六茶候

涼臺靜室，明窗曲几，僧寮道院，松風竹月，晏坐行吟，清談把卷。

七茶侶

翰卿墨客，緇流羽士，逸老散人，或軒冕之徒，超軼世味者。

八茶勳

除雪煩滯，滌醒破睡，談渴書倦，是時茗椀策勳，不減凌煙。

〔註8〕這一點，看不同的風俗和不同的人群，也有喜好雜果味零食才覺身心口爽者。

35 茶居士傳

〔明〕徐 爌

題解

　　徐爌《茶居士傳》錄於喻政《茶集》卷上，「茶居士」乃為比況釋家身份。輯錄此篇，用意約略如下：首先，於茶事中見人心。此篇文章最突出的特徵便是作者將茶擬人化，比況自我，或憤懣懷才不遇，或自覺清高出塵，或悠閒自安自樂，又或眼中自我與眾不同，自稱「居士」。如此等等，均是人心之外化。禪茶之味，不一定要在茶湯中品，而一切茶事中見人心起伏同樣是禪茶精髓。其次，錄文特質適宜探討禪茶文化中的「本性」問題。從禪的視角來看，須知所謂「禪茶」「茶性」，向來是「人為」的，屬「偽」。由於有人的情感、價值觀等元素的介入，毫無疑問，茶道、禪茶便有了更為寬廣的內涵和韻味。但是，這些人為的含義作為一種「心意識模式」卻又往往反過來限制、孤立了茶者，即所謂形成了自性之遮蔽。當然，此處之「偽」，意不在批判與貶斥，而在探討禪茶文化中人之作為、判別，看清禪茶之真實含義。禪，茶，固然與人在某一維度上取得了溝通或提升，但謹防自我在人為加入的禪意、茶性中增強我執，迷失乾淨。須知，茶自有本味，但與我們認為的苦甜香潔等並無絕對關係。其真實本味，只有人心盡淨，不被任何一絲有無、好惡、觸受遮覆時才會如實呈現，此時便美其名曰「禪茶一味」。

正文

居士茶性，族姓眾多，枝繁葉衍遍天下。其在六安一枝最著，為大宗。陽羨、羅岕、武夷、匡廬之類，皆小宗。若蒙山，又其別枝也。〔註1〕岩泉徐子爌者，味古今士也。嘉靖中，以使事至六安，欲過居士訪之。偶讀書，宵分倦隱几，夢神人告曰：「先生含英咀華，余侍有年矣。昔者陸先生不鄙世族，為作譜，及雜引為經。每枉士大夫，余輒出其文章，表見之。陸先生，名愈長，余亦與有揚之之力焉。先生其肯傳我乎？余當以揚陸先生者揚先生！徐子忽寤，睜眼視之，無所見。適童子鹽，雙手捧茶至，乃知所夢者，即茶居士之先也。遂作傳。

按茶氏苗裔，最遠鴻蒙，初上帝憫庶類非所開，形性二局，各有司存焉。茶氏列木品，凡木材大者千尋，其最小須十尺。又與之性，為清為香為甘。茶氏喜曰：「庶矣，庶矣，未也。吾往叩當益我。」乃伏闕訴曰：「臣荷恩重，願世授首報，然若為子孫計，請乞藩封。」上帝怒曰：「小臣多欲，罪當誅。」時帝方好生不即誅，下二局議。司形者曰：「罪當貶，其處深岩幽谷，其材二尺許。」〔註2〕性者曰：「與之苦。」〔註3〕疏請上裁，詔可之。茶氏伏罪而出。於是其處材，世守之。歷數百年，皆山澤叟也，無顯者。

三代以下，國制漸備，間有識者，然遇山人，輒仇仇不適，類戕賊焉。〔註4〕其少者最苦之。長者曰：「吾以旗槍衛若。」山人聞之怒，深春率女士，噪呼菁莽中大擄之。〔註5〕俘斬無算，並旗槍搴奪焉。〔註6〕有死者，相枕藉者，偃者，僕者，有子立者，有傾且倚者，有髡者。茶氏愈出首愈敗。然偵之則間諜挑釁〔註7〕，多吳中人。乃謀諸老者曰：「吾聞吳，強國也。昔齊景公、泣涕女女矣。吾如景公何？春秋求成之義，盍修諸？」眾皆曰：「然。」於是長者自啣〔註8〕縛，就山人俯伏曰：「吾不敵矣。君特為吳人獻我耳。勿信君

〔註1〕據此看，在徐爌生活的年代或環境中，六安茶最著名，產量最豐，而其餘茶系較小。這些定論，反映了特定歷史階段中的各茶系的發展。在如今，各系爭輝，情況當然發生了變化。

〔註2〕外形二尺許高，生於深山。

〔註3〕性味苦。

〔註4〕初不知茶，故只當做木柴採伐。

〔註5〕山中人漸漸瞭解了茶的用處，便規模性採茶。

〔註6〕採用旗槍。但由於某些茶書高大無法採摘，便砍樹伐枝，混亂採摘。

〔註7〕釁〔xin〕：同 輯錄「釁」。

〔註8〕啣〔xián〕：同「銜」。

衛吾。吾當令吳人歲歲貢金幣。」山人曰：「有是哉，有是哉。」於是徙其眾，咸就山人，山人始為通好，然亦無甚顯者。〔註9〕

嗣後有楚狂裔孫陸羽先生者，博物洽聞，聞茶氏名，就山中訪之。登其堂，直入其室，寂無纖塵，躊躇四顧，北窗間僅石榻一，設山水畫一幅，蒲團數枚，香一爐，棋一枰，古琴一張。案上有周易羲皇墳典古詩書若干卷。茶氏不出，戒諸子曰：「先生識者，若等次第往見之，以月日為序，少者最尾。」先生擊筑而歌，乃出迎，披蒙茸裘，衣樸古之衣，或蒼蘚跡尚存，蓋茶氏山中習云。乃延先生坐，先生問弟子，弟子以次第見之。獨少女誕穀雨前，故名雨前，最嬌不出。〔註10〕先生不知，每一見者，咸嘖嘖歡賞為品題，深有味乎其言也。時茶氏以獨居不成味，無以欵〔註11〕先生，出而呼其相狎友數十輩，共聚一室焉，願各獻其能，共成大美悅先生。有第一泉氏、第二泉氏、第三泉氏、有筐氏、籠氏、瓦壺氏、爐氏、火氏、盂氏、筯氏，其果氏、匙氏列階下，聽先生召始往，不召不敢往。〔註12〕

於時先生張口舌，傾腸腹，締交茶氏，咸慶知己。即命雨前出行酒。先生一見大異之，謂曰：「此子標格，氣味不凡，仙品也，他日當近王者大貴。第寶藏之，無輕以許人。然造物忌盈，汝子姓當世世顯榮，發在少年，汝長老宜讓之。當淡薄隨時，高下不問，類可保長貴。若雨前，勿輕許人。」茶氏曰：「諾。」命雨前入。遂入。乃呼端溪氏、玄圭氏、楮氏、中山氏、先就見。中山氏免冠曰：「願乞先生言，用旌主人。」先生命盂氏來，連啜之，一揮而就，譜成，經亦成。〔註13〕茶氏再拜曰：「無得此，後世當有顯者。先生賜遠矣。」遂別去。

今茶氏之譜與其經，大散見文章家，茶氏名益重。茶氏世好修潔，與文人騷客高僧隱逸輩最親昵。有毒侮於酒正者，輒入底裏勸之。酒正盡退舍，不敢角立。又能破人悶，好吟詠。吟詠者援之共席，神氣灑灑，腸不枯，驚人句迸出焉。故茶氏風韻絕俗，不與凡品等。特頗遠市井，或召之，老者亦往。士人由此益重茶氏，凡延上賓，修婚禮，必邀請茶氏與焉。山人者流，知士人重咸重。由是益廣其資生，為之去濕就燥，護侵伐防觸抵，千百為計。雖烈日

〔註 9〕喻人工栽種之始末。
〔註10〕雨前茶最純、最潔，最佳，故以少女喻之。
〔註11〕欵〔kuǎn〕：同「款」。
〔註12〕茶氏擅茶，一派茶道盛宴。
〔註13〕著寫《茶經》。

積雪大風雨，山人視之益篤。然所居，率無垣牆之制，上帝不賜藩封也。吳中人知之，更為餌山人。山人不從，果貢金帛，歲歲如初言。山人遂德之，與茶氏通，世世好不絕。

　　一日有乘高軒者過其門，詠老杜炙背采芹之句。〔註14〕茶氏聞之驚曰：「得無知我雨前前？」不數日，果有蔬雨前名上者。上走中使，持璽書，命有司、齎黃金色幣聘往。金色幣者，上御赭袍，示親寵也。有司如命捧帛聘，茶氏不得已，命雨前拜賜。有司促上馬。雨前上馬，盛陳仙樂，設旗幟，擇良使從之，計偕以上。雨前馬上歌曰：「妾本山中質山中身，蚤辭母兮多苦辛。黃金為幣兮色鱗鱗，今日清明兮朝紫宸。何以報君王恩！」又歌曰：「金幣纏頭兮百花帶，鼓耽耽旂〔註15〕施施。苦居中，香在外，紅塵百騎荔枝來，太真太真兮今安在？」一時聞者皆泣下。

　　至京師，直排帝閽入。時上御便〔註16〕殿。雨前叩首曰：「臣所謂苦盡甘來者，蒙恩及草茅。願赴湯火。」上憐之，以手援之，至就口焉。上厚賞賜使者，遂封為龍團夫人，命納諸後宮。宮中一后、三嬪、六妃、九貴人、十二夫人，一時見者，皆大悅。即延上座，寵冠披庭，雨前性恬淡不驕，雖群娥亦狎且就之，自后妃以下無少長，少頃不見輒索。其隆眷若此。然雨前不能自行，往必藉相託。啟恩於上，上命玉容貴人與之俱。玉容者，其量有容，故以容名。玉容謝曰：「臣今得所矣。昔上命黃封力士〔註17〕入宮禁，力士性傲而氣雄且粗豪，慣恃上恩至有擠臣傾僕。時者臣嘗苦之不自禁，懼無以完晚節。臣今得所矣。」雨前亦以玉容同出身，山家甚宜之。上謂雨前曰：「吾欲汝世世受國恩，汝有家法否？」雨前曰：「臣微〔註18〕賤，無家法。臣侍奉中國，不通外夷，然族有善醫者，西番人多重賂之。君王幸為保全，使守清苦之節以免赤族，當關須鐵面。」〔註19〕上曰：「然。」以雨前請，著為令，至今西羌之域，尚有巡茶憲使云。茶氏由此時通籍王家，益顯且遠矣。

〔註14〕杜甫《赤甲》云：「炙背可以獻天子，美芹由來知野人。」又《晚》云：「杖藜尋晚巷，炙背近牆暄。」炙背采芹喻鄉野農家之樂。
〔註15〕旂〔qí〕：某種旗子。
〔註16〕疑為「偏」。
〔註17〕黃封酒，宋代名釀。
〔註18〕微，舊時讀〔wéi〕，「微」的異體字。
〔註19〕茶可養生，又是國家重要財政收入來源，是以要保全，不使重賂外流。

　　贊曰：「草木之生，皆得天地之精之先也。五穀尚矣，然華者多不足於目，實者多不足於口，類皆可得於見聞。而下通於樵夫牧豎不為貴，神仙家以松柏芝苓，服之可長生，吾又未聞見其術，借有之。其功用亦弗廣，皆不足貴也。若茶氏者，樵夫牧豎所共知。而知之者鮮能達其精，其精通於神仙家。而功用之廣則過之，且世寵於王者，而器之不少衰焉。吁，最貴哉，最貴哉！」〔註20〕

〔註20〕突出茶適用於一切人群。當然，其精通在於神仙家。

36 味苦居士傳〔註1〕

〔明〕支中夫

題解

　　《味苦居士》，明代支中夫撰，錄於喻政《茶集》卷上。味苦居士指「茶甌」，喻能識盞中茶味之苦。此茶甌最大的特徵是從「苦」中煉養善心厚德，心無揀擇：「寒熱不辭，多寡不擇，旦暮不失，略無幾微厭怠之色。」如果待之以誠，也必還之以誠。還能夠醒酒，少睡，促精勤，化嗔怒，解鬱悶，有種種功德。在深味茶苦之處，支中夫以有形茶甌盛茶、立業，以無形心甌載德、煉性。禪茶之事，如果不能於點滴之間見自他言行，蘊養本心德性，則必然流於形式，反而成為障道因緣。

正文

　　湯器之〔註2〕，字執中〔註3〕，饒州人〔註4〕，嘗愛孟子苦其心志之言，別號味苦居士。謂學者曰：「士不受苦，則善心不生。善心不生，則無由以入德也。」是以人召之則行，命之則往。寒熱不辭，多寡不擇，旦暮不失，略無幾微厭怠之色見於顏面。〔註5〕或譏之曰：「子心志固苦矣，筋骨固勞矣，奈何長在人掌握之手中乎！」曰：「士為知己者死，我之所遇者，待我如執玉，奉我如捧盈，唯恐我少有所傷。召我惟恐至之不速。既至，雖醉亦醒，雖寐亦

〔註1〕題中原有「茶甌」二字小注。
〔註2〕茶湯之器，以為道用。
〔註3〕允執厥中，執道。
〔註4〕產於景德鎮之茶盞。
〔註5〕內外如一，在茶事細節中最見人心動向。

窳，昏惰則勤，忿怒則釋，憂愁鬱悶則解。無諫不入，無見不懌。不謂之知己可乎？掌握我者，敬我也，非奴視也，吾何患焉？我雖涼薄，必不墮於庸人之手。苟待我不謹，使能虀粉〔註6〕，我亦不往也。」嘗曰：「我雖未至於不器，然子貢貴重之器，亦非我所取也。蓋其器宜於宗廟，而不宜於山林。我則自天子至於庶人，苟有用我者，無施而不可也。特為人不用耳。行己，甚潔，略無毫髮瑕玷。妬忌者以謗玷之，亦受之，而不與辯，不久則白。人以「涅不淄」〔註7〕許之。

太史公曰：「人見君子之勞，而不知君子之安。勞者，由其知鄉義也。能鄉義，則物慾不能擾其心，豈有不安乎？器之勉人受苦，其亦知勞之義也。」

〔註6〕虀〔jī〕粉，謂粉碎。虀，「齏」的異體字。
〔註7〕語出成語「磨不磷，涅不緇」，意為意志堅定，不受環境影響。

37 茶供說

〔明〕錢謙益

題解

　　《茶供說》全名為《茶供說贈朱如圭》，明末清初錢謙益撰，錄於《牧齋有學集・有學集補》卷一，見《續修四庫全書》集部・別集類第 1391 冊。輯錄此文主要出於兩方面考慮：其一，這是歷代茶道文獻中少見的討論以茶供佛、供祖的文章。錢謙益先是敘說以茶供祖供佛缺乏典籍依據，例如陸羽長於寺廟也不談供佛，而天竺沙門、中土楞嚴壇供種種珍品，也不見有茶，如此等等。而後則有感於朱如圭精於茶事，有供佛供祖之虔誠心，認為如此必可受報往生妙香國，且於妙香國開創佛茶之事。同時他還勸請眾人學習朱汝圭，廣泛推動以茶供佛。其二，從世人對錢謙益的道德評價說起。錢謙益是明末大儒，官禮部尚書，明滅後降清，故被視為二臣。即使在如今這較為開放的新時代，也還是有人拿著這件事批判錢謙益的德行。禪茶之心，最須警惕這一點，以防陷入道德綁架或狹隘的民族情緒、民族主義。試問：事明事清，無非中華，於今有何區別？與你又有何相關？拘於古時、古人，必是心中阻塞。而且，順世而行，實在需要智慧。當代禪茶是新時代發展會通的產物，同時也在求取一種開放的心量、智慧，以化用於現實，形成對國家社會良性發展的積極助力。

正文

子羽〔註1〕來告我曰：「正德間婁江朱大經明醫，好種菊，唐伯虎高其人，作《菊隱記》。菊隱〔註2〕之子雅筠及孫汝圭，世為逸人，汝圭精於茶事，謀于翼曰：『祖以菊隱，余將以茶隱。今之通人能為我授記茶隱如伯虎者誰乎？子為我請虞山老人〔註3〕證明其說，願歲歲採渚山青芽為虞山老人作供。』」夫子亦笑而許之乎。

未幾，汝圭持子羽書侑貢荈以請。余語之曰：「菊與茶皆草木之英異者也，自屈平已云餐秋菊之落英，其後乃大顯於靖節，而茶之名頗晚出。迨於唐乃著於鴻漸、又新〔註4〕之書，杼山〔註5〕、玉川〔註6〕之詩以臭味言之。是二者，伯虎所謂草木中之君子也。以時世考之，菊先而茶後。菊其祖也，茶則其孫也。雖微伯虎，孰得而掩諸隱士之星為少微〔註7〕？少微之光常指東南，而東南之人無以應也。范希文曰：『萬象森然中，安知其無茶星？』今將指茶星為少微，以實希文之言。斯世而有伯虎也，其必為嗤笑已矣！雖然，吾則有論於子。吾觀楞嚴壇中設供，取白牛乳、砂糖、純蜜之類奉佛及諸大菩薩。西土沙門、婆羅門以葡萄、甘蔗漿為上供，未有以茶供者。考其風土，棗栗椑柿，印度無聞梨柰桃杏，往往間植茶，非其所產故也。陸鴻漸長於苾蒭者也，杼山禪伯也，鴻漸《茶經》不云奉佛，杼山《飲茶歌》『三飲便得道，何須苦心破煩惱』亦不云供佛。〔註8〕西土以貫花然香供佛皆上妙殊勝，此土不聞其名，此土有而彼無者茶耳！不以作供，斯亦四事供養之，缺典也。天人言，人中臭氣上薰於天四萬餘里。此土產茶，如伊蘭叢中產牛頭旃檀，天實私之，假以辟除惡臭，導迎妙氣也。〔註9〕」

汝圭益精心治辦茶事，金芽素瓷，清淨供佛。〔註10〕他生受報往生香國，

〔註1〕黃子羽，名翼聖，太倉人，約與錢謙益同時，奉佛，崇禎年間曾為四川新都知縣。
〔註2〕指朱大江。
〔註3〕錢謙益，在常熟引領虞山詩派，故稱虞山老人。
〔註4〕唐代張又新，著《煎茶水記》。
〔註5〕杼山：皎然。
〔註6〕玉川：盧仝。
〔註7〕少微：星座名，共四星，在太微垣西南。一般用以指稱文人名士。
〔註8〕雖不云供佛，但生活、修學中未必與佛無關。
〔註9〕談茶辟除惡臭、導迎妙氣之妙用。
〔註10〕此為佛茶的形態之一。

以諸妙香而作佛事，豈但如丹丘羽人飲茶生羽翼而已！李太白言：「後之高僧大隱，知仙人掌茶發於中孚禪子及青蓮居士李白也。〔註11〕」今余不敢當汝圭茶供，勸請以茶供佛。〔註12〕後之精茶道者以採茶供佛為佛事，則自余之諗汝圭始。作《茶供說》以贈。〔註13〕

〔註11〕李白有《答族侄僧中孚贈玉泉仙人掌茶》敘說此禪茶事。
〔註12〕牛如圭茶供目的之一是表達對錢謙益的敬意，錢謙益則認為自己不敢當，還是以茶供佛最為妥當。
〔註13〕錢謙益：《牧齋有學集・有學集補》卷一，第76～77頁，《續修四庫全書》集部・別集類，第1391冊，影印民國八年上海商務印書館本，第542～543頁。

38 雅堂茗談

〔清〕連橫

題解

　　《雅堂茗談》錄於清代連橫《雅堂文集》卷二，見《臺灣文獻叢刊》第208種。原文僅《茗談》二字，但此處以其文集名「雅堂」補全。此文極有參考價值：一者，主要談論臺灣茶道文化，涉及臺灣喜好武夷茶，產烏龍茶，好孟臣壺，用若深杯，而且泉水甘美，茶道傳播廣泛。二者，認為茶須調配，例如新茶舊茶，紅茶綠茶之間，均要調配才見神采。三者，連橫精於茶道，常以親身實踐來驗證古人茶法，例如陸羽茶理，掃葉烹茶志趣等。四者，精於壺器，其中提及供春壺始於金沙寺僧，若深杯出於江西某寺。如此種種，為其茶道增添了許多禪意，實可對比古今茶法。明悟茶理乃順世而為，順心而為，而非拘於一法一論。

正文

　　臺人品茶，與中土〔註1〕異，而與漳、泉、潮相同。蓋臺多三州人，故嗜好相似。

　　茗必武夷，壺必孟臣〔註2〕，杯必若深〔註3〕：三者為品茶之要，非此不足自豪，且不足待客。

〔註1〕此處「中土」，指中國內陸，而非強調臺海割裂於中華之外。
〔註2〕清代孟臣，善制宜興紫砂壺，成一時名器。
〔註3〕若深杯：極小、極淺、極薄、極白，設計獨到，不燙手，傳為名李若深者製。茶家多認為若深杯小則可一啜而盡，淺則可水不留底，薄則可起其茶香，白則可盡顯茶色。

武夷之茗，厥種數十，各以岩名。上者每斤一、二十金，中亦五、六金。三州之人嗜之。他處之茶，不可飲也。〔註4〕

新茶清而無骨，舊茶濃而少芬，必新舊合拌，色味得宜，嗅之而香，啜之而甘，雖歷數時，芳留齒頰，方為上品。〔註5〕

茶之芳者，出於自然，薰之以花，便失本色。北京為仕宦薈萃地，飲饌之精，為世所重，而不知品茶。茶之佳者，且點以玫瑰、茉莉，非知味也。〔註6〕

北京飲茶，紅綠俱用，皆不及武夷之美。蓋紅茶過濃，綠茶太清，不足入品。然北人食麥飫羊，非大壺巨盞，不足以消其渴。〔註7〕

江南飲茶，亦用紅綠。龍井之芽，雨前之秀，匪適飲用。即陸羽《茶經》，亦不合我輩品法。〔註8〕

安溪之茶曰鐵觀音，亦稱上品，然性較寒冷，不可常飲。若合武夷茶泡之，可提其味。

烏龍為北臺名產，味極清芬，色又濃鬱，巨壺大盞，和以白糖，可以祛暑，可以消積，而不可以入品。

孟臣姓惠氏，江蘇宜興人。《陽羨名陶錄》雖載其名，而在作者三十人之外。然臺尚孟臣，至今一具尚值二、三十金。

壺之佳者，供春第一。周靜瀾《臺陽百詠》云：「寒榕垂蔭日初晴，自瀉供春蟹眼生。疑是閉門風雨候，竹梢露重瓦溝鳴。」自注：「臺灣郡人茗皆自煮，必先以手嗅其香。最重供春小壺。供春者，吳頤山婢名，善制宜興茶壺者也。或作龔春，誤。一具用之數十年，則值金一笏。」

《陽羨名陶錄》曰：「供春，學憲吳頤山家童也。頤山讀書金沙寺中，春給使之暇，仿老僧心匠，亦陶土搏坯，指紋隱起可按。今傳世者栗色闇闇，如古金鐵，敦龐周正，允稱神明垂則矣。」

〔註4〕漳、泉、潮三州人嗜好武夷茶，固有其文化環境和情感偏向，並不是說他處茶無法入口。

〔註5〕歷代均講究茶之「調配」。

〔註6〕如此之配，則為雜燴。方知茶之調配，實為精工。然則連橫所瞭解的情況，極有可能只是某些不善茶飲者。

〔註7〕故而茶的選擇與地方飲食關係極大，只有「合適」，才是好茶。

〔註8〕陸羽所著乃早期茶法，其最勝處乃是「茶理」「茶道」，而非具體的茶葉常識。明清以後的江南茶法，不論種植採造品飲，與唐初已有不同。故拘泥於古，必死於古。推陳出新，才是活法。

又曰：「頤山名仕，字克學，正德甲戌進士，以提學副使擢四川參政。供春實家僮。」是書如海寧吳騫編，騫字槎客。所載名陶三十三人，以供春為首。

供春之後，以董翰、趙良、袁錫、時鵬為最，世號四家，俱萬曆間人。鵬子大彬，號少山，尤為製壺名手，謂之時壺。陳迦陵〔註9〕詩曰：「宜興作者稱供春，同時高手時大彬。碧山銀槎濮謙竹，世間一藝皆通神。」

大彬之下有李仲芳、徐友泉、歐正春、邵文金、蔣時英、陳用卿、陳信卿、閔魯生、陳光甫，皆雅流也。然今日臺灣欲求孟臣之製，已不易得，何誇大彬！

臺灣今日所用，有秋圃、萼圃之壺，製作亦雅，有識無銘。又有潘壺，色赭而潤，係合鐵沙為之，質堅耐熱，其價不遜孟臣。

壺經久用，滌拭日加，自發幽光，入手可鑒。若膩滓爛斑，油光的爍，最為賤相。是猶西子而蒙不潔，寧不大損其美耶？

若深，清初人，居江西某寺，善製瓷器。〔註10〕其色白而潔，質輕而堅，持之不熱，香留甌底，是其所長。然景德白瓷，亦可適用。

杯忌染彩，又厭油膩。染彩則茶色不鮮，油膩則茶味盡失，故必用白瓷。瀹時先以熱湯洗之，一瀹一洗，絕無纖穢，方得其趣。

品茶之時，既得佳茗，新泉活火，旋瀹旋啜，以盡色聲香味之蘊。故壺宜小不宜大，杯宜淺不宜深；茗則新陳合用。茶葉既開，便則滌去，不可過宿。

過宿之壺，中有雜氣，或生黴味。先以沸湯澆之，旋入冷水，隨則瀉出，便復其初。

煮茗之水，山泉最佳，臺灣到處俱有。聞淡水之泉，世界第三。一在德國，一在瑞士，而一在此。余曾與林薇閣、洪逸雅品茗其地。泉出石中，毫無微垢，寒暑均度，裨益養生，較之中泠江水，尤勝之也。

掃葉烹茶，詩中雅趣，若果以此瀹茗，啜之欲嘔。蓋煮茗最忌煙，故必用炭。〔註11〕而臺以相思炭為佳，炎而不爆，熱而耐久。如以電火、煤氣煮之，雖較易熟，終失泉味。

〔註9〕陳維崧。
〔註10〕居寺廟者，多以禪意入茶，入壺。
〔註11〕掃葉烹茶，為求其趣，善煎烹者，也可得天然法味。連橫所試，則又是連橫之法，未必有野老心態。

東坡詩曰：「蟹眼已過魚眼生，颼颼欲作松風鳴。」〔註12〕此真能得煮泉之法。故欲學品茗，先學煮泉。

一杯為品，二杯為飲，三杯止渴。若玉川之七碗風生，直莽夫爾。〔註13〕

余性嗜茶而遠酒，以茶可養神而酒能亂性。飯後唾餘，非此不怡，大有上奏天帝庭，摘去酒星換茶星之概。

瓶花欲放，爐篆未消，臥聽瓶笙，悠然幽遠。自非雅人，誰能領此？〔註14〕

〔註12〕見東坡《試院煎茶》。
〔註13〕玉川明確說：「七碗吃不得也。」世人未曾細讀，盡以為直吃七碗。然則七碗之數乃虛指，品飲因人因時而異，豈有定量！
〔註14〕全文詳見連橫：《雅堂文集》，《臺灣文獻叢刊》第 208 種，卷二，第 107～110 頁。

39 煎茶訣

〔清〕葉雋撰　〔日〕蕉中老衲補

題解

　　此作轉錄於朱自振、沈冬梅、曾勤編著的《中國古代茶書集成》。《煎茶訣》在中國散軼，僅陸廷燦《續茶經》中存目。據朱自振先生等考，《煎茶訣》在日本流傳有「明治本」和「寬政重刻寶曆本」兩個版本，分別藏於日本國會圖書館和大阪中央圖書館。兩版差異不大，但「明治本」有從屠龍《考槃餘事》中轉錄補充的茶具、書齋、單條畫、袖爐、筆床、詩筒蔡箋、印色池七條內容。而「寬政本」則有日本茶人「蕉中老衲」的補錄內容。此處轉錄「寬政本」，首先，蓋其禪茶元素更濃，在正文、序跋中有明顯的松蘿僧、老衲、禪悅等詞；其次，此本是典型的中日禪茶融合產品，而且屬於日本禪茶吸收並改造中國禪茶的絕佳範本，實可窺見中國禪茶在異域的某種不變持守及其本土化後的諸多精彩花果。

訣序

　　點茶之法，世有其式。至於煎茶，香味之間，不可不精細用心，非復點茶比。而世率不然。葉氏之《訣》，實得其要。擾有遺漏，頃予乘閒補苴，別為一本，以遺兼霞氏。如或災木，與好事者共之，亦所不辭。

　　丙辰孟冬，蕉中老衲識，森世黃書。

製茶第一

　　西夏製茶之法，世變者凡四：古者蒸茶，出而搗爛之（或曰搗而蒸之），為

團乾置，投湯煮之如《茶經》所載是也（余《茶經詳說》備悉之）。其後磨茶為末，匙而實碗，沃湯筅攪勻之以供。其後蒸茶而佈散乾之、焙之，是所謂「煎茶」也。後又不用蒸，直炒〔註1〕之數過，撚〔註2〕之使縮。及用實瓶如碗，湯沃之，謂之「泡茶」「沖茶」。文公《家禮注》，不諳筅制。《五雜俎》曰：「今之惟茶用沸湯投之，稍著火即色黃而味澀，不中飲矣。」可知輾轉而不復古也。吾日本抹茶、煎茶俱存而用之。抹茶，獨出自宇治，蓋不捨其葉，故極其精細。製造之法，宜抹而不宜煎。煎茶之制，所在有之，然江州所產為最。近好事者家製之，率皆用炒法，重芳烈故也。蓋能其精良，不必所產，然非地近山者不為宜。若其製法，一一茲不詳說。獨《五雜俎》載松蘿僧說：「曰茶之香，原不甚相遠，惟焙者火候極難調耳。茶葉尖者太嫩，而蒂多老，火候勻時尖者已焦而蒂尚未熟；二者雜之，茶安得佳。松蘿茶制者，每葉皆剪去尖蒂，但留中段，故茶皆一色；而功力煩矣，宜其價之高也。」余以為此說，真製茶之要也。若或擇取其尖而焙製之，恐最上之品也。

藏茶第二

初得茶，要極乾脆。若不乾脆，須一焙之，然後用壺佳者貯之。小有疏漏，致損氣味，當慎保護。其焙法：用捲張紙散佈茶葉，遠火焙之，令熅熅漸乾。其壺如嘗為冷濕所漫者，用煎茶至濃者洗滌之，曝日待乾，封固，則可用也。

擇水第三

煎茶，水功居半。〔註3〕陸氏所謂「山水上，江水中，井水下」。山水，揀乳泉、石池涓涓流出者；江水，取去人遠者；井，取汲多者佳也。然互有上下，品可辨也。有一種水，至澄而性惡，不可不擇。若取水於遠欲宿之，須以白石棤而澤者四、五，沉著或以同煮之；能利清潔。黃山谷詩：錫谷、寒泉、棤石俱是也。（棤石，在湖上為波濤摩圓者為佳，海石不可用。）或曰汲長流水為湯，上裝蒸露罐，取其露煮以用茶，尤妙。余未嘗試，但恐軟弱不適。有用瀑泉者，頗激烈不應；然則激烈、軟弱，俱不可不擇。

〔註1〕炒〔chǎo〕，此處同「炒」。
〔註2〕撚〔niǎn〕，此處同「撚」。
〔註3〕盧仝《水之功》云「水之功居其六」。

潔瓶第四

瓶不論好醜，唯要潔淨。一煎之後，便當輒去殘葉，用椶〔註4〕棨刷滌一過，以當後用。不爾，舊染浸淫，使芳鮮不發。若值舊染者，須煮水一過，去之然後更用。

候湯第五

凡每煎茶，用新水活火，莫用熟湯及釜銚之湯。熟湯，軟弱不應茶氣；釜銚之湯，自然有氣妨乎茶味。陸氏論「三沸」，當須「騰波鼓浪」而後投茶；不爾，芳烈不發。

煎茶第六

世人多貯茶不密，臨煎焙之，或至欲焦，此婆子村所供，大非雅賞。江州茶尤不宜焙，其他或焙，亦遠火熅熅然耳。大抵水一合，用茶可三、四分。投之滾湯，尋即離火，置須臾而供之。不爾，煮熟之，味生芳鮮之氣亡；須別用湯瓶，架火候茶過濃加之。若洗茶者，以小籠盛茶葉，承以碗，澆沸湯以著攪之，漉出則塵垢皆漏脫去；然後投入瓶中，色、味極佳。要在速疾，少緩慢，則氣脫不佳。如唐製茶，尤宜洗用。

淹茶第七

唐茶舶來上者，亦為精細，但經時之久，失其鮮芳。肥築間亦有稱唐制者，然氣味頗薄，地產固然。大抵唐製茶，不容煎。瓶中置茶，以熱湯沃焉，謂之泡茶。或以撞，謂之中茶。（中，鍾音，通泡名，通瓶，《茶經》謂之淹茶。）皆當先熻之令熱，或入湯之後蓋之；再以湯外漑之，則茶氣盡發矣。

花香茶第八

有蓮花茶者，就花半開者，實茶其內，絲匝擁之一宿。乘曉含露摘出，直投熱湯，香味俱發。如蘭茶，摘花雜茶，亦經宿而揀去其花片用之；並皆不用焙乾。或以蒸露罐取梅露、菊露類，投一滴碗中，並佳。

〔註4〕椶〔zōng〕：同「棕」。

附原序跋等

一、煎茶訣序

夫一草一木，罔不得山川之氣而生也，唯茶之得氣最精，故能兼色、香、味之美焉。是茶有色、香、味之美，而茶之生氣全矣。然所以保其氣而勿失者，豈茶所能自主哉。蓋採之，採之而後有以藏之。如獲稻然，有秋收者，必有冬藏。藏之先，期其乾脆也。利用焙藏之，須有以蓄貯也。利用器藏而不善，濕氣鬱而色枯，冷氣侵而香敗，原氣泄而味變，氣之失也，豈得咎茶之不美乎？然藏之於平時，以需用之於一時。而用之法，在於煎；張志和所謂「竹裏煎茶」，亦雅人之深致也。磁碗以盛之，竹籠以漉之，明水以調之，文火以沸之；其色清且碧，其香幽且烈，其味醇且和；可以清詩思，可以滌煩渴，斯得其茶之美者矣。是在煎之善。至若水，則別山泉、江泉；火，則詳九沸、九變；器，則取其潔而不取其貴；湯，則用其新而不用其陳。是以水之氣助茶之氣，以火之氣發茶之氣，以器之潔不至污其氣，以湯之新不至敗其氣。氣得而色、香、味之美全矣。吾故曰：「人之氣配義與道，茶之氣配水與火；水火濟而茶之能事盡矣，茶之妙訣得矣。」友人以《煎茶訣》索序，予為詳敘之如斯。

光緒戊寅六月穀旦。

浙東泰園王治本撰並書

二、煎茶訣跋

山林絕區，清淑之氣鍾香露，芽發乎雲液，使人恬淡是味。此非事甘脆肥釀者所得識也。夫其參四供，利中腸，破昏除睡，以入禪悅之味，乃所謂四悉檀之，益固可與道流者共已。葉氏之訣，得其精哉，殆續竟陵氏之緒矣。

不生道人跋

三、識

茶訣一篇，語不多而要妙盡矣。命之剞劂以施四方君子云。時寶曆甲申二月。

浪華蒹葭堂木孔恭識

40 一味禪茶

〔今〕編者新輯

題解

　　《一味禪茶》由筆者新輯，文獻來源主要為《大正藏》《四庫全書》《欽定古今圖書集成》《朱子語類》等。名為《一味禪茶》的原因，主要是所輯材料均直接涉及禪茶題材，如有關於禪茶含義、禪茶真偽、禪茶體驗、禪茶詩詞、禪茶採造、禪茶軼事等。其中材料來源零散，談不上專門的禪茶論典，僅略成專題，以方便引用、分析，乃至助力辨清禪茶中的幾個核心問題。

　　第一個問題：禪茶的來源梳理。有人直接將禪茶之產生歸屬於以下幾個事例：

　　一源於西漢末年蜀中吳理真在蒙頂山種茶，修行，提倡「佛茶一味」，世稱甘露禪師，又被稱為「茶祖」。不過此說多屬傳說，有關吳理真的身份、所處時代等尚無確考。「佛茶一味」之說，多係後人附會。

　　二源於唐代封演《封氏聞見記》所云：「茶，南人好飲之，北人初不多飲。開元中，太山靈巖寺有降魔師大興禪教，學禪務於不寐，又不夕食，皆許飲茶。人自懷挾，到處煮飲，從此轉相仿傚，遂成風俗。」（見陸廷燦《續茶經》卷上之一）因此降魔師與禪飲茶被視為禪茶之始。此類記載證明唐代已有禪茶風氣，但定論為源頭，尚可商榷。

　　三源於茶聖陸羽，陸羽生長於竟陵龍蓋寺，故所倡之茶道被部分人稱為禪茶。毫無疑問，陸羽促成了龍蓋寺之禪茶傳統，但說禪茶始於陸羽，委實不太周延。證據是陸羽《茶經》是最早的體系性茶道著作，但並非最早的茶文化；而且陸羽於禪並不熱衷。故此說大可質疑。

四源於趙州叢諗「吃茶去」公案。此則公案較為有名，但並非禪茶記錄之始。歷代公案中，涉及茶而且早於「吃茶去」者並不少見。只能說是此則公案讓禪茶文化更具知名度。

五源於圓悟克勤（1063～1135）題寫「茶禪一味」贈日僧榮西（1141～1215）攜回奈良大德寺。此說雖流傳較廣，但克勤死時，榮西都還未出生，編纂痕跡記為明顯。克勤書贈日僧且藏於大德寺者，其實是印可虎丘紹隆的宗門文書，根本與茶無關。禪茶之實，上述案例均早於圓悟克勤時。有關此「禪茶一味」，經諸多學者考證調研，不但在日本奈良大德寺無圓悟克勤書法茶掛原跡，而且眾多日本茶道推行者也不敢確定此事，況且考中日禪宗多種文獻乃至圓悟克勤相關記錄，均未見此條，蓋為訛傳。

實際上，禪茶文化的產生不可能始於某一件具體的事，而是禪、茶兩種文化長期融合交匯的結果，僅僅是在某種契機之下出現「禪茶」「茶禪」「茶禪一味」的名言而已，就如所謂「農禪」「商禪」同理。

第二個問題：禪茶的內涵界定。禪茶之說，見仁見智，從古以來，人人相輕存在於任何一個領域。而今之禪茶文化界，也有此類現象。總是批駁禪茶研究者、禪茶實踐者、禪茶倡導者所做的「非禪茶」。筆者不太清楚這些人的禪茶標準是什麼，但可以肯定一點，這種動輒褒貶彼此、是非好惡的觀點和行為正是禪茶所要破斥的「我執心」。除盡這些下意識的偏執，才可能心平氣和地界定、體味禪茶。一般而言，禪茶作為禪、茶文化的交叉，其內涵具有多維性。就如人的定位一樣，有的人務農，有的人為官；有的人受限於意識心，有的人能體驗到禪性，我們不能說其中一種不是人。禪茶也是，雖然有深淺各層，但都應歸為禪茶文化。據筆者淺見，禪茶內涵可以分為如下幾層：

第一層，日常品飲層。即將茶作為日常習慣、身體健康、生存需求的飲料攝入。此舉雖然絕大多數情況下不見得摻入禪文化、表現以禪名相，但難道禪者茶者、高僧平民就沒有這些需求？故而，以禪元素視之，即屬禪茶；關注日常生命狀態，亦是禪茶。不必要非得說明誰層次淺、不正宗、搞偏了等。如此，違背禪茶之心的反倒是自己。

第二層，禪趣層。許多人接觸禪茶，喜好禪茶，便是因喜歡禪茶的輕盈、趣味和意蘊無窮。例如熱衷鬥茶、講究禪茶之器具、用心於環境之清靜精緻等，其中禪味，同樣很濃。如此會促生一種非常深層、精緻、高雅的生活方式和生命價值。這個層面的禪茶，各種身份的參與者都有，而往往以官員、商

人、學者居多。社會上普遍存在一種偏見，認為官員與茶結合，便多了勾心鬥角；商人與茶結合，變多了銅臭味；學者與茶結合，變多了書袋氣。茶不棄人，人自棄爾！茶如何會具有這般揀擇心？唯是人心強加罷了。善用禪茶者，正好可於此中見自心念，悟自心性！自古以來，茶的功能都是多維度的，可以是提升個體生命質地的媒介，可以是和諧社會關係的黏合劑，亦可以是振興國民經濟的重大項目。也就是說，禪茶，所有人都可以去參與、體驗，借由其特定方式，正好檢視內心的偏執，享受禪茶帶來的愉悅。為何非得侷限於自己的社會身份和認知模式，脫離於禪茶的本懷、人的本懷？是人心走偏了，執著了！

第三層，信仰層。這一層歷來都是禪茶主流。因為禪始終和「佛教禪宗」緊密聯繫在一起。這一層的禪僧、禪寺、禪元素，一旦與茶結合，都是禪茶形態之一。而且，即使是某些非禪宗信徒卻對「禪」有一定情結者，所做茶道，自然也涉及禪茶形態。故而，研學禪茶者，不可輕易就說某僧某寺禪茶空有其形！是否為禪茶，能體悟幾分禪茶，因人而異。如是已見性之禪者茶者，不論面對在家出家眾，其眼中所見的信仰層禪茶，同樣也是禪茶。不會因身份和顯相而武斷地分別、分裂茶事。

第四層，心性修證層。這一層不限於宗教相、非宗教相。凡以禪茶作為生活、修行、悟道者，均屬於這一層內涵。這一層，可說是禪茶的較高層次，因為如此是禪、茶、禪茶的形式來體悟、觸摸生命的深層意蘊。也就是這一層的禪茶者，已經脫離了具體的禪茶相，而是事關自性的證悟、顯現。

此處可延伸略說。禪並不獨屬於禪僧、禪寺、宗教。不論是釋迦牟尼的教外別傳，還是中國歷代禪師的以心印心，都旨在破相，包括宗教相、非宗教相、一切相。如果一旦執著於具相，便無法獲得透徹的禪，還如何談禪茶！「禪」在產生或說是被發現以後，其存在與傳播有兩條路徑。其一是以寺廟、僧人、教團為載體的宗教相。某種程度上來說，宗教性的「禪宗」乃以探究、傳承「禪」為事業。「禪茶」便屬於其方式之一。故而禪茶必然會與宗教形象、宗教思想具有聯繫。其二是以民間、個體，或超宗教相而探究「禪」的真相者為載體。這一類人，或談禪，或不用禪的名言，均無宗教相或說與宗教的關係極少。故而，禪依法不依人、依實證而不依宗教或非宗教相。禪茶也如是！

故而，禪茶意蘊，多維多層。日常層，多在日常生活中貫穿禪茶元素，有淺層喜好者，也有以禪茶保任、見心見性者。禪趣層多以禪茶為勝，為趣味，為藝術；信仰層多以禪茶結合佛禪信仰而展開；心性實證性層多以禪、茶為方式途徑體悟、證取自性禪性之終極境界。其主要目的之一，都是指向身心的健康、清淨。

第三個問題：「禪茶」與「茶禪」之爭。當前茶界存在定位為茶禪、禪茶何種更為切題的爭論。但若建立在上述四層含義的廣角基礎上，便會發現禪茶、茶禪的基本形態都是禪茶兩種文化的結合，其終極目標都是為了豐富生命，證取生命的究竟內義。故而，禪茶、茶禪，表述形式不同罷了。大致情況是，擅長禪者喜談禪茶，擅長茶者喜談茶禪，禪茶皆通者、觀念開放者便不太在意以什麼樣的名言來表述，而所講所解皆是同一回事。故而，禪茶、茶禪之爭，多是人心之爭，非關禪茶、茶禪。執己、非他者，多是不夠虛心，不夠開闊，或基於某種利害關係，如此當然已遠離禪茶、茶禪本義。

基於如上理念，編者對各種茶道論典的輯錄並不拘執於是禪是茶，而是看能否利於當代禪茶文化的建構。編者的最終目的，不過是從傳統中汲取養料，結合現代社會需求，以產出相應的理論成果。並且，如從上述廣義禪茶範疇視之，所謂的禪茶論典也不見得真的是零散或稀少。只是看我們如何去發掘、整合罷了！

一味真偽

舉：歸宗問僧：「甚處去？」云：「諸方學五味禪去？」宗云：「我者裏有一味禪，為甚不學？」僧云：「如何是一味禪？」宗便打。僧云：「莫打，某甲會也。」宗云：「爾作麼生會？」僧擬開口，宗又打。（《明覺禪師語錄》卷二）

問「實其心之所發，欲其一於理而無所雜」。曰：「只為一便誠，二便雜。如惡惡臭，如好好色，一故也。小人閒居為不善，止著其善，二故也。只要看這些便分曉。二者，為是真底物事，卻著些假攪放裏，便成詐偽。如這一盞茶，一味是茶便是真，才有些別底滋味，便是有物夾雜了，便是二。」（《朱子語類》卷十五）

一味參究

當陽弘景禪師，國都教宗，帝室尊奉，欲以上法靈境歸之。和尚疑請京輔大德一十四人，同住南泉，以和尚為首。昔智者大師受法於衡嶽祖師，至

和尚六葉種，荊土龍象相承。步至南泉，歷詮幽勝，因起蘭若居焉。地與心寂，同吾定力。室與空明，同吾惠照。躬行勤儉，以率門人。人所不堪，我將禪悅。至於舍寢息，齊寒暑食止一味，茶不非時。賞遇歲荒，野人茹草，和尚如之。門人勸諭。對曰：「順正行事，亦如來教也。」（唐李華：《李遐叔文集》卷四之《荊州南泉大雲寺故蘭若和尚碑》）

茶次，師問天真：「茶味如何？」真無對。師問天岩云：「你作麼生？」岩遂潑茶。師云：「未在。」岩遂出。（悟進：《介庵進禪師語錄》卷六）

弁山玄素和尚至，引座：「也大奇，也大奇，無情說法不思議。大眾，適才鐵壁生光，花宮發豔，明月向寒崖而照，薰風隨畫舫而來，且道是甚麼人境界？」舉法華舉到琅琊覺處因緣乃云：「你看他一賓一主，一抬一搦，發明臨濟家風則不無，怎奈都來是個小家子禪。何似弁山到來雲門，既不問他船來陸來，他亦不道在河下步下，但只喚侍者汲耶溪水，烹爐峰茶一味，促膝抵掌，談笑寒暄而已。且道還是世諦流匝別有佛法？」（淨斯：《百愚禪師語錄》卷八）

一味詩詞

張孝祥《三塔寺阻雨》其二：「倦客三杯酒，高僧一味茶。涼風撼楊柳，晴日麗荷花。鐸語時鳴塔，漁歌晚釣槎。停爐快清憩，步穩襯明霞。」（張孝祥：《于湖集》卷九）

夏良勝《洪都和胡副郎赴召》：「腳根不避路，到處便為家。醉過十年夢，風搏一望沙。閒情詩入畫，生意草方芽。長者須投轄，清清一味茶。」（夏良勝：《東洲初稿》卷八）

文徵明《十月五日出城暮歸門闌留宿南濠王氏樓與履約昆仲夜話有作》：「永濟橋南水閣斜，夜深投宿靜無嘩。淹留短榻行邊約，咫尺孤城夢裏家。碧樹報風吟細葉，青燈閃雨落寒花。玄言寂寞都無寐，消得清腴一味茶。」（文徵明：《甫田集》卷三）

查慎行《偕梁孝稚遊法性寺有懷心月上人兼示希聲學子》其一：「有約尋僧去，攜筇出郭賒。東風吹白髮，春事到梨花。石畔三生路，林間一味茶。橫枝不傳法，消息問誰家。」（查慎行：《敬業堂詩集》卷四十八）

洪亮吉《念奴嬌·錢竹初松菊猶存圖》：「十年歸計，只剛剛長就，滿籬松菊。買得半園工位置，盡可賞心娛目。忽悟浮生，因求大藥，並禮西天竺。

回頭自望，鬢毛鏡裏先禿。　差幸服食祈年，迷途未遠，末路仍堪贖。莫待扁盧俱束手，醫雅難於醫俗。一徑香清，一簾花好，一味茶初熟。這回休誤，白駒頭上行速。」（洪亮吉：《洪北江詩文集》卷一）

　　王洋《謝筠守趙從周寄黃蘗中洲茶》：「道院文書靜，傳籤報兩衙。籠山疏藥圃，祖寺摘春茶。珍品少為貴，佳名遠更誇。要知清白德，盞面看浮花。」（王洋：《東牟集》卷三）

一味僧茶 〔註1〕

　　《隋書》：「文帝微時夢神易其腦骨，自爾腦痛。忽遇一僧曰：『山中有茗，草煮而飲之，當愈。』帝服之有效，由是競採。天下始知飲茶，茶有贊，其略曰：『窮春秋演河圖，不如載茗一車。』」

　　《舊唐書・宣宗紀》：「大中三年，東都進一僧年一百三十歲。宣宗問：『服何藥而致？』僧對曰：『臣少也賤，素不知藥。性惟嗜茶，凡履處惟茶是求。或遇百碗，不以為厭。』因賜名茶五十斤，命居保壽寺，名飲茶所曰茶寮。」

　　《唐錦夢餘錄》：「東坡以茶性寒故，平生不飲，惟飯後濃茶滌齒而已。然大中三都進一僧百三十歲，宣宗問：『服何藥？』云：『性惟好茶，飲至百碗，少猶四五十碗。』以坡言律之必且損壽，反得長年則又何也？」

　　《雲仙雜記》：「覺林院志崇收茶三等，待客以驚雷莢，自奉以萱草帶，供佛以紫茸香。蓋最上以供佛，而最下以自奉也。客赴茶者，皆以油囊盛餘瀝以歸。」

　　《清異錄》：「吳僧文了善烹茶，遊荊南。高保勉白於季興，延置紫雲庵，日試其藝。保勉父子呼為湯神，奏授華定水大師上人，目曰乳妖。」

　　《墨客揮犀》：「蔡君謨善別茶，後人莫及。建安能仁院，有茶生石縫間，寺僧採造得茶，八餅，號石岩。白以四餅遺君謨，以四餅密遣人走京師，遺王內翰禹玉。歲餘，君謨被召還，闕訪禹玉，禹玉命子弟於茶笥中選取茶之精品者。碾待君謨君謨捧甌未嘗輒曰：『此茶極似能仁石岩，白公何從得之？』禹玉未信，索茶貼驗之，乃服。王荊公為小學士時，嘗訪君謨。君謨聞公至，喜甚，自取絕品茶，親滌器，烹點以待公，冀公稱賞，公於夾袋中取消風散一

〔註1〕此條目下諸例摘自《欽定古今圖書集成》食貨志・茶部文藝之茶部紀事、茶部雜錄。

撮，投茶甌中，並食之。君謨失色。公徐曰：『大好茶味。』君謨大笑且歎公之真率也。蔡君謨議茶者，莫敢對公發言。建茶所以名重天下，由公也。後公製小團，其品尤精於大團。一日，福唐蔡葉丞秘校召公，啜小團，坐久，復有一客至，公啜而味之曰：『非獨小團，必有大團雜之。』丞驚呼，童曰：『本碾造二人茶，繼有一客至，造不及，乃以大團兼之。』丞神服公之明審。」

《集靈記》：「有僧在蒙山頂見一老父，云仙家有雷鳴茶井，候雷發聲，井中採擷一兩祛宿疾；二兩當眼前無疾；三兩換骨；四兩為地仙矣。」

《續博物志》：「南人好飲茶，孫皓以茶與韋昭代酒。謝安詣陸，納設茶果而已。北人初不識此，開元中，太山靈巖寺有降魔師教禪者，以不寐人多作茶飲，因以成俗。」

《畫墁錄》：「有唐茶品，以陽羨為上，供建溪北苑未著也。貞元中，常袞為建州刺史，始蒸焙而研之，謂研膏茶。其後稍為餅樣其中，故謂之一串。陸羽所烹，惟是草茗爾，迨至本朝，建溪獨盛，採焙製作，前世所未有也。士大夫珍尚鑒別，亦過古。先丁晉公為福建轉運使。始製為鳳團，後又為龍團，貢不過四十餅，專擬上供，雖近臣之家，徒聞之而未嘗見也。天聖中，又為小團，其品迥加於大團，賜兩府，然止於一斤，唯上大齊宿八人兩府，共賜小團一餅，縷之以金八，人拆歸以侈非常之賜，親知瞻玩，賡唱以詩，故歐陽永叔有《龍茶小錄》。或以大團問者，輒方刲寸，以供佛供仙家。廟已而奉親並待客，享子弟之用。熙寧末，神宗有旨，建州製密雲龍，其品又加於小團矣，然密雲之出，則二團少粗，以不能兩好也。予元祐中詳定殿試，是年秋為制舉考第官，各蒙賜三餅，然親知誅責殆將不勝。宣仁一日歎曰：『指揮建州，今後更不許造密雲龍，亦不要團茶，揀好茶吃了，生得甚好意智？』熙寧中，蘇子容使，虜姚麟為副曰：『盍載些小團茶乎？』子容曰：『此乃供上之物，儔敢與虜人。』未幾，有貴公子使虜廣貯團茶，自爾，虜人非團茶不納也，非小團不貴也。彼以二團易蕃羅一匹，此以一羅酬四團，少不滿，則形言語近。有貴貂使邊，以大團為常，供密雲為好茶。」

《岳陽風土記》：「灉湖諸山，舊出茶，謂之灉湖茶。李肇所謂岳州灉湖之含膏也，唐人極重之，見於篇什。今人不甚種植，惟白鶴僧園有千餘。本土地頗類北苑，所出茶，一歲不過一二十兩。土人謂之白鶴茶，味極甘香，非他處草茶可比併。茶園地色亦相類，但土人不甚植爾。」

《太平清話》：「琅琊山出茶，類桑葉而小，山僧焙而藏之，其味甚清。」

一味品飲〔註2〕

　　王燾集《外臺秘要》有代茶飲子一首，云格韻高絕，惟山居逸人乃當作之。予嘗依法治服其利，鬲調中信，如所云，而其氣味乃一服煮散耳，與茶了無干涉。薛能詩云：「粗官乞與真拋卻，賴有詩情合得嘗。」又作鳥嘴茶詩云：「鹽損添嘗戒，薑宜煮更誇。」乃知唐人之於茶，蓋有河朔脂麻氣也。

　　余以陸羽《茶經》考之，不言揚州出茶，惟毛文錫《茶譜》云：「揚州禪智寺，隋之故宮寺，傍蜀岡，其茶甘香，味如蒙頂焉。」第不知入貢之，因起於何時，故不得而志之也。唐茶惟湖州紫筍，入貢每歲以清明日，貢到先薦宗廟，然後分賜近臣。紫筍生顧渚，在湖常二境之間，當採茶時，兩郡守畢至最為盛集此，蔡寬夫詩《詩》云：「周詩記苦茶，茗飲出近世。初緣厭粱肉，假此雪昏滯。」蓋謂是也。六一居士嘗新茶，詩云：「泉甘器潔天色好，坐中揀擇客亦佳。」東坡守維揚於石塔寺，試茶詩云：「禪窗麗午景，蜀井出冰雪。坐客皆可人，鼎器手自潔。」正謂諺云三不點也。

　　《清波雜志》：「長沙匠者造茶器，極精緻工直之厚等，所用白金之數，士夫家多有之。真几案間，但知以侈靡相誇，初不常用也。司馬溫公偕范蜀公遊嵩山，各攜茶往。溫公以紙為貼，蜀公盛以小黑合。溫公見之，驚曰：『景仁乃有茶器。』蜀公聞其言，遂留合與寺僧。凡茶宜錫，竊意若以錫為合，適用而不侈。貼以紙則茶味易損，豈亦出雜以消風散，意欲矯時弊耶。《邵氏聞見錄》云：『溫公嘗與范景仁共登嵩頂，由轘轅道至龍門，涉伊水至香山，憩石臨八節灘，凡所經從，多有詩什。自作序曰《遊山錄》，攜茶遊山，當是此時。』」

　　山家清供，茶即藥也，煎服則去滯而化食，以湯點之則反滯膈而損脾胃。蓋市利者，多取他葉，雜以為末。人多怠於煎服，宜有害也。今法採芽，或用碎擘以活水煎之，飲後必少頃乃服。坡公詩云：「活水須將活火烹。」又云：「飯後茶甌未要深」，此煎之法也。陸羽亦以江水為上，山與井俱次之。今世不惟不擇水具，又入鹽及茶果，殊失正味，不知唯蔥去昏，梅去倦，如不昏不倦，亦何必用。古之嗜茶者，無如玉川子，未聞煎歟，如以湯點則安，能及七碗乎。山谷詞云：「湯響松風，早減了七分〔註3〕酒病。」倘知此味，口不能言，心下快活。自省之禪遠矣。

〔註2〕此條目下諸例摘自《欽定古今圖書集成》食貨志・茶部文藝之茶部紀事、茶部雜錄。
〔註3〕「七分」蓋誤，原詞為「二分」。

第三編　一方茗略

41 茶譜

〔唐五代〕毛文錫撰　〔今〕陳尚君輯並校按

題解

　　此處所錄，乃據復旦大學陳尚君輯錄並校按本，見《毛文錫〈茶譜〉輯考》，《農業考古》，1995 年第 4 期。所錄之茶事四十三則，某些細節處編者曾據《太平寰宇記》《事類賦注》《全芳備祖集》有所校正。此《茶譜》為毛文錫撰。毛文錫，字平珪，生卒年不詳，高陽（屬今河南）人，歷事前蜀、後唐、後蜀。《茶譜》全書今佚，僅《太平寰宇記》《事類賦注》《全芳備祖後集》等書中散錄數十則，故其輯錄並無體系性。然此《茶譜》雖然零散，但其中錄有不少各地茶品、茶事、典故，是珍貴的茶道資料。而且，其中有明顯的揚州禪智寺茶園、覺林僧志崇收茶供佛、煮茶待客等內容，對於禪茶文化研究極具價值。

茶事四十三則〔註1〕

第一

〔荊州〕當陽縣青溪山，仙人掌茶。李白有詩。（《事類賦注》卷一七）

按：《太平寰宇記》卷八三引《茶譜》云：「綿州龍安縣生松嶺關者，與荊
　　州同。」

第二

峽州：碧澗、明月。（《全芳備祖後集》卷二八）

有小江園、明月寮、碧澗寮、茱萸寮之名。（《事類賦注》卷一七）

按：後條不云產地。前前條互參，應為峽州事。

〔註1〕綱目為編者加，以便理清、查閱。

第三

涪州出三般茶：賓化最上，製於早春；其次白馬；最下涪陵。（《事類賦注》卷一七）

　　按：以上山南東道二州。

第四

〔渠州〕渠江薄片，一斤八十枚。（《事類賦注》卷一七）

　　按：以上山南西道一州。

第五

揚州禪智寺，隋之故宮。寺枕蜀岡，有茶園，其味甘香，如蒙頂也。（《事類賦注》卷一七，《菩溪漁隱叢語後集》卷一一後三句作「其茶甘香，味如蒙頂焉」。）

　　按：《太平寰宇記》卷一二三揚州江都縣蜀岡條下引《圖經》云：「今枕禪智寺，即隋之故宮。岡有茶園，其茶甘香，味如蒙頂。」《圖經》殆即據《茶譜》。

第六

壽州：霍山黃牙。（《全芳備祖後集》卷二八）

第七

舒州。（詳附按）

　　按：《太平寰宇記》卷九三引《茶譜》云：「杭州臨安、齡潛二縣生天目山者，與舒州同。」知《茶譜》敘及舒州，同書卷一二五雲舒州貢開火茶.又云多智山。」其山有茶及蠟，每年民得採掇為貢」。或即據《茶譜》。以上淮南道三州。

第八

常州：義興紫筍、陽羨春。（《全芳備祖後集》卷二八）

　　按：義興有湮湖之含膏。（《事類賦注》卷一七）

第九

〔蘇州〕長洲縣生洞庭山者，與金州、蘄州、梁州味同。（《太平寰宇記》卷九一引《茶說》）

　　按：宋初以前未聞有《茶說》其書、疑即《茶譜》之誤。姑附存之。

第十

湖州長興縣啄木嶺金沙泉，即每歲造茶之所也。湖、常二郡接界於此。厥土有境會亭，每茶節，二牧皆至焉。斯泉也，處沙之中，居常無水。將造茶，太守具儀注拜敕祭泉。頃之，發源，其夕清溢。造供御者畢，水即微減。供堂者畢，水已半之。太守造畢，即涸矣。太守或還斾〔註2〕稽期，則示風雷之變，或見鴛獸、毒蛇、木魅焉。（《事類賦注》卷一七）

顧諸紫筍。（《全芳備祖後集》卷二八）

按：《嘉泰吳興志》卷二○引毛文錫《記》，述金沙泉事，較前條稍簡，殆即據《茶譜》「頃之」句作「頃之，泉源發諸溢」。

第十一

杭州臨安、於潛二縣生天目山者，與舒州同。（《太平寰宇記》卷九三）

第十二

睦州之鴻坑極妙。（《事類賦注》卷一七，「睦」原作「穆」，據《全芳備祖後麻》卷二八改。）

按：《太平寰宇記》卷九五稱睦州貢鳩坑團茶。

第十三

婺州有舉巖茶，斤片方細，所出雖少，味極甘芳，煎如碧乳也。（《事類賦注》卷一七。《續茶經》卷下之四引《潛確類書》引《茶譜》，「斤片」作「片片」，「煎如碧乳也」作「煎之如碧玉之乳也」。）

第十四

福州柏巖極佳。（《事類賦注》卷一七）

〔福州〕臘麵。（《宣和北苑茶錄》）

福州：方山露芽。（《全芳備祖後集》卷二八）

按：《太平寰宇記》卷一○一引《茶經》云：「建州方山之芽及紫筍，片大極硬，須湯浸之方可碾，極治頭疾，江東人多味之。」按：方山在閩侯縣，不屬建州。又《茶經》中無此段，疑出自《茶譜》。

第十五

建州：北苑先春龍焙。（《全芳備祖後集》卷二八）

〔註2〕斾〔pèi〕：垂旒飄帶。

建有紫筍。（《宣和北苑茶錄》）

蒙頂石花、露鋑芽、籛芽。（《全芳備祖後集》卷二八云此為南劍州所產。南劍州為五代閩時析建、福兩州所設，姑存此。）

> 按：《太平寰宇記》卷一〇〇云：南劍州「茶有六般：白乳、金字、臘麵、骨子、山梃、銀子」。以上江南東道八州。

第十六

宣州宣城縣有茶山，其東為朝日所燭，號曰陽坡。其茶最勝，形如小方餅，橫鋪茗芽其上。太守常薦之京洛，題曰陽坡茶。杜枚《茶山詩》云：「山實東吳秀，茶稱瑞草魅。」（《全芳備祖後集》卷二八）

宣城縣有丫山小方餅，橫鋪茗牙裝面，其山東為朝日所燭，號曰陽坡。其茶最勝。太守嘗薦於京洛人士，題曰：丫山陽坡橫紋茶。（《事類賦注》卷一七）

> 按：以上二則引錄不同，故並錄之。

第十七

歙州牛梔嶺者尤好。（《事類賦注》卷一七）

第十八

〔池州〕池陽：鳳嶺。（《全芳備祖後集》卷二八）

第十九

洪州西山白露及鶴嶺茶極妙。（《事類賦注》卷一七）

洪州：西山白露、雙井白芽、鶴嶺。（《全芳備祖後集》卷二七）

> 按：以上二則引錄不同，故並存之。

第二十

鄂州之東山、薄圻、唐年縣，皆產茶，黑色如韭，葉極軟，治頭痛。（《太平寰宇記》卷一一二）

第二十一

〔虔州〕南康：雲居。（《全芳備祖後集》卷二八）

第二十二

袁州之界橋，其名甚著，不若湖州之研膏、紫筍，烹之有綠腳垂下。（《事類賦注》卷一七、《全芳備祖後集》卷二八、《續茶經》卷下之四引《潛確類書》。）

第二十三

〔潭州〕長沙之石楠，採牙為茶，湘人以四月四日摘楊桐草，搗其汁拌米而蒸，猶糕糜〔註 3〕之類。必吸此茶，乃去風也，尤宜暑月飲之。(《事類賦注》卷一七)

第二十四

衡州之衡山，封州之西鄉，茶研膏為之，皆片團如月。(《事類賦注》卷一七、《增廣箋注簡齋詩集》卷八《陪諸公登南樓吸新茶家弟出建除體詩諸公既和余因次韻》注、《續茶經》卷上之一。)

按：以上江南西道九州。

第二十五

彭州有蒲村、堋口、灌口，其園名仙崖、石花等，其茶餅小，而布嫩芽如六出花者，尤妙。(《太平寰宇記》卷七三、(《事類賦注》卷一七、《續茶經》卷上之一所引稍簡。)

玉壘關外寶唐山有茶樹，產於懸崖，筍長三寸五寸，方有一葉兩葉。(《事類賦注》卷一七)

按：玉壘關在彭州導江縣。

第二十六

蜀州晉原洞口、橫源、味江、青城。其橫源雀舌、鳥嘴、麥顆，蓋取其嫩芽所造，以其芽似之也。又有片甲者，即是早春黃芽，其葉相抱，如片甲也；蟬翼者，其葉嫩薄，如蟬翼也。皆散茶之最上也。(《太平寰宇記》卷七五。「晉原」原作「晉源」，據《新唐書·地理志六》改。《事類賦注》卷一七所引稍簡，「芽」皆作「牙」，「相抱」作「相把」。)

第二十七

眉州洪稚、丹棱、昌合亦製餅茶，法如蒙頂〔註4〕。(《事類賦注》卷一七「棱」原作「陵」，據《新唐書·地理志六》改。)

眉州洪雅、昌閤、丹棱，其茶如蒙頂製餅茶法。其散者，葉大而黃，味頗甘苦，亦片甲，蟬翼之次也。(《太平寰宇記》卷七四引《茶經》，然《茶經》無此條，參上條及前蜀州條，斷其必出《茶譜》。)

〔註 3〕據文義疑當為「糜」。
〔註 4〕此處原為「蒙項」，當為「蒙頂」之誤。

第二十八

邛州之臨邛、臨溪、思安、火井，有早春、火前、火後、嫩綠等上中下茶。(《事類賦注》卷一七)

邛、臨數邑，茶有火前、火後、嫩綠、黃芽號。又有火番餅，每餅重四十兩。入西蕃、党項，重之。如中國名山者，其味甘苦。(《太平寰宇記》卷七五引《茶經》。《茶經》無此段，參上條，知必出《茶譜》。)

第二十九

蜀之雅州有蒙山，山有五頂，頂有茶園。其中頂曰上清峰。昔有僧病冷且久，嘗遇一老父，謂曰：「蒙之中頂茶，嘗以春分之先後，多拘人力，俟雷之發聲，並手採摘三日而止。若獲一兩，以本處水煎服，即能祛宿疾。二兩當限前無疾。三兩固以換骨。四兩即為地仙矣。」是僧因之中頂，築室以候，及其獲一兩餘，服未竟而病疾。時到城市，人見容貌，常若年三十餘，眉髮綠色。其後入青城訪道，不知所終。今四頂茶園採摘不廢，惟中頂草木繁密，雲霧蔽虧，鷙獸時出，人跡稀到矣。今蒙頂茶有霧鋑芽、篯芽，皆云火前，言造於禁火之前也。(《事類賦注》卷一七，又見《本草綱目》卷三二，末多「近歲稍貴此品，製作亦精於他處」數句，疑非《茶譜》語。)

蒙山有壓膏露牙、不壓膏露牙、并冬牙，言隆冬甲坼也。(《事類賦注》卷一七)

蒙頂有研膏茶，作片進之，亦作紫筍。(《事類賦注》卷一七、《增廣箋注簡齋詩集》卷八、《陪諸公登南樓吸新茶家弟出建除體詩諸公既和余因次韻》注所引較簡。)

雅州百丈、名山二者尤佳。(《太平寰宇記》卷七七)

第三十

〔梓州〕東川：獸目。(《全芳備祖後集》卷二八)

第三十一

〔綿州〕龍安有騎火茶，最上。言不在火前，不在火後作也。清明改火，故曰火。(《事類賦注》卷一七，《續茶經》卷上之三引《茶譜續補》，「最上」作「最為上品」，下多「騎火者」三字。)

綿州龍安縣生松嶺關者，與荊州同。其西昌、昌明、神眾等縣，連西山生者，並佳。獨嶺上者不堪採擷。(《太平寰宇記》卷八三)

第三十二

〔渝州〕南平縣狼猱山，黃黑色，渝人重之，十月採貢。(《太平寰宇記》卷
一三六)

第三十三

廬州之茶樹，獠〔註5〕常攜瓢具，穴其側。每登樹採摘芽茶，必含於口，
待其展，然後置於瓢中，旋塞其竅，歸必置於暖處。其味極佳。又有粗者，其
味辛而性熱。彼人云：飲之療風。(《太平寰宇記》卷八八引《茶經》。然《茶經》無此
則，當出《茶譜》。)

　　按：以上劍南道九州。

第三十四

容州黃家洞有竹茶〔註6〕，葉如嫩竹，土人作飲，甚甘美。(《太平寰宇記》
卷一六七引《茶經》。然《茶經》無此則，當出《茶譜》。)

　　按：以上嶺南道一洲。

第三十五

團黃有一旗二槍之號，言一葉二芽也。(《事類賦注》類一七)

第三十六

茶之別者，積殼芽、構杞芽、枇杷芽，皆治風疾。又有皂芙芽、槐芽、柳
芽，乃上春摘其芽，和茶作之。五花茶者，其片作五出花也。(《事類賦注》卷一七)

第三十七

唐陸羽著《茶經》三卷。(《事類賦注》卷一七)

第三十八

唐肅宗嘗賜高士張志和奴婢各一人，志和配為夫妻，名之曰漁童、樵青。
人問其故，答曰：「漁童使捧釣收綸，蘆中鼓枻；樵青使蘇蘭薪桂，竹裏煎茶。」
(《事類賦注》卷一七)

　　按：《茶譜》此則據顏真卿《浪跡先生玄真子張志和碑銘》。顏文見《全
　　　唐文》卷三四〇。

〔註5〕獠：邊民，夷人。
〔註6〕此處陳尚君先生輯考為「休」，查證《太平寰宇記》卷一六七「土產」一類云
　　　「竹茶」，故補正。

第三十九

胡生者，以釘鉸為業，居近白蘋洲。傍有古墳，每因茶飲，必莫酹之。忽夢一人謂之曰：「吾姓柳，平生善為詩而嗜茗。感子茶茗之惠，無以為報，欲教子為詩。」胡生辭以不能，柳強之，曰：「但率子意言之，當有致矣。」生後遂工詩焉。時人謂之胡釘鉸詩。柳當是柳揮也。（《事類賦注》卷一七）

按：《南部新書》卷壬記胡生事，與此多同。

第四十

覺林僧志崇，收茶三等。待客以驚雷筴，自奉以萱草帶，供佛以紫茸香。赴茶者，以油囊盛餘瀝歸。（《全芳備祖後集》卷二八）

按：《雲仙雜記》卷六引《蠻甌志》，與此大致同，中多「蓋最上以供佛。而最下以自奉也」二句。

第四十一

甫里先生陸龜蒙，嗜茶拜，置小園於顧諸山下，歲入茶租，薄為歐蟻之費。自為品第書一篇，繼《茶經》《茶訣》之後。（《全芳備祖後集》卷二八）

按：此則據陸龜蒙《甫里先生傳》。陸文見《全唐文》卷八〇一。

第四十二

傅巽《七誨》云：蒲桃宛奈，齊柿燕栗，常陽黃梨，巫山朱桔，南中茶子，西極石蜜。寒溫既畢，應下霜華之茗。（《事類賦注》卷一七）

按：《茶經·七之事》引《七誨》同此數句，而以末二句為弘君舉《食檄》首二句。此節當出《茶經》。《事類賦注》既誤記書名，復以《食檄》中句竄入《七誨》。

第四十三

茶樹如瓜蘆，葉如梔子，花如白薔薇，實如拼桐，葉如丁香，根如胡桃。（《譚苑醍醐》卷八，又見《全唐文紀事》卷四六引。）

按：此則見《茶經·一之源》。楊慎誤作《茶譜》。

42 東溪試茶錄

〔宋〕宋子安

題解

　　此處所據底本為《四庫全書》子部‧譜錄類第 844 冊所收《東溪試茶錄》，同時也以《說郛》卷九十三、《欽定古今圖書集成‧經濟彙編‧食貨典》卷二百八十九所錄兩本作為參校。宋子安生卒事蹟不詳，《東溪試茶錄》約成書於宋治平元年（1064），左圭《百川學海》記為「宋子安」撰，而晁公武《郡齋讀書志》卻錄為「朱子安」，也有學者認為應是「宋代的茶僧子安」，然均含混難有定論。蓋因宋、朱近體易混，相應佐證文獻又不足。此處比較多處記錄，以「宋子安」為準。東溪，屬建安，乃當時建安茶著名茶區及茶葉集散地。此錄分為序言及八綱。前五綱為總敘焙名、北苑、壑源、佛嶺、沙溪，說明諸焙沿革、所屬各茶園之位置及特點。後三綱則敘說茶名、採茶、茶病，並談到了採摘時間與方法。漫輯此論，主要目的乃為辨識建茶產地、特色乃至於其採造製作等。歷代以來，建茶東溪產區多有佛禪文化傳播，地名上也有「佛嶺」語詞。而且，建茶向來是國茶之大宗，其歷史、現狀自有禪茶之道韻在，宜當深入瞭解。另外，此試茶錄與古時諸茶史書相比，所論茶焙、採造、茶病等均甚為精當，宜可借鑒。

序

　　建首七閩，山川特異，峻極迴壤，勢絕如甌。其陽多銀銅，其陰孕鉛鐵，厥土赤墳，厥植惟茶。會建而上，群峰益秀，迎抱相向，草木叢條。水多黃金，茶生其間，氣味殊美。豈非山川重複，土地秀粹之氣鍾於是，而物得以宜歟？

北苑西距建安之洄溪二十里而近，東至東宮百里而遙。（焙名有三十六，東宮其一也。）過洄溪，踰東宮，則僅能成餅耳。獨北苑連屬諸山者最勝，北苑前枕溪流，北涉數里，茶皆氣弇然，色濁，味尤薄惡，況其遠者乎？亦猶橘過淮為枳也。

近蔡公作《茶錄》亦云：「隔溪諸山，雖及時加意製造，色味皆重矣。」今北苑焙，風氣亦殊。先春朝隮常雨，霽則霧露昏蒸，晝午猶寒，故茶宜之。茶宜高山之陰，而喜日陽之早。自北苑鳳山南，直苦竹園頭東南，屬張坑頭，皆高遠先陽處。歲發常早，芽極肥乳，非民間所比。次出壑源嶺，高土沃地，茶味甲於諸焙。丁謂亦云：「鳳山高不百丈，無危室絕崦，而崗阜環抱，氣勢柔秀，宜乎嘉植靈卉之所發也。」又以「建安茶品甲於天下，疑山川至靈之卉，天地始和之氣，盡此茶矣」。又論「石乳出壑嶺，斷崖缺石之間，蓋草木之仙骨」。丁謂之記，錄建溪茶事詳備矣。至於品載，止云「北苑壑源嶺」，及總記「官私諸焙千三百三十六」耳。近蔡公亦云：「唯北苑鳳凰山連屬諸焙所產者味佳。」故四方以建茶為目，皆曰北苑。

建人以近山所得，故謂之壑源。好者亦取壑源口南諸葉，皆云彌珍絕。傳致之間，識者以色味品第，反以壑源為疑。今書所異者，從二公紀土地勝絕之目，具疏園隴百名之異，香味精粗之別，庶知茶於草木，為靈最矣。去畝步之間，別移其性，又以佛嶺、葉源、沙溪附見，以質二焙之美，故曰《東溪試茶錄》。自東宮、西溪，南焙、北苑皆不足品第，今略而不論。

總敘焙名第一〔註1〕

舊記建安郡官焙三十有八，自南唐歲率六縣民採造，大為民間所苦。我宋建隆已來，環北苑近焙，歲取上供，外焙俱還民間而裁稅之。至道年中，始分遊坑、臨江、汾常、西蒙洲、西小豐、大熟六焙隸南劍。又免五縣茶民，專以建安一縣民力裁足之，而除其口率泉。

慶曆中，取蘇口、曾坑、石坑、重院還屬北苑焉。又丁氏《舊錄》云「官私之焙，千三百三十有六」，而獨記官焙三十二。東山之焙十有四：北苑龍焙一，乳橘內焙二，乳橘外焙三，重院四，壁嶺五，壑源六，范源七，蘇口八，東宮九，石坑十，建溪十一，香口十二，火梨十三，開山十四。南溪之焙十有二：下瞿一，蒙洲東二，汾東三，南溪四，斯源五，小香六，際會七，謝坑

〔註1〕原注：北苑諸焙，或還民間，或隸北苑，前書未盡、今始終其事。

八，沙龍九，南鄉十，中瞿十一，黃熟十二。西溪之焙四：慈善西一，慈善東二，慈惠三，船坑四。北山之焙二：慈善東一，豐樂二。

北苑第二〔註2〕

建溪之焙三十有二，北苑首其一，而園別為二十五，苦竹園頭甲之，鼯鼠窠次之，張坑頭又次之。

苦竹園頭連屬窠坑，在大山之北，園植北山之陽，大山多修木叢林，鬱蔭相及。自焙口達源頭五里，地遠而益高。以園多苦竹，故名曰苦竹。以高達居眾山之首，故曰園頭。直西定山之隈，土石迴向如窠然，南挾泉流積陰之處而多飛鼠，故曰鼯鼠窠。其下曰小苦竹園。又西至於大園，絕山尾，疏竹翁翳，昔多飛雉，故曰雞藪窠。又南出壤園、麥園，言其土壤沃，宜麰麥也。自青山曲折而北，嶺勢屬如貫魚。凡十有二，又隈曲如窠巢者九，其地利為九窠十二壠。隈深絕數里，曰廟坑，坑有山神祠焉。又焙南直東，嶺極高峻，曰教練壠。東入張坑，南距苦竹帶北，岡勢橫直，故曰坑。坑又北出鳳凰山，其勢中跱，如鳳之首；兩山相向，如鳳之翼，因取象焉。鳳凰山東南至於袁雲壠，又南至於張坑，又南最高處曰張坑頭。言昔有袁氏、張氏居於此，因名其地焉。出袁雲之北，平下，故曰平園。絕嶺之表，曰西際；其東為東際。焙東之山，縈紆如帶，故曰帶園。其中曰中歷坑，東又曰馬鞍山，又東黃淡窠，謂山多黃淡也。絕東為林園，又南曰柢園。

又有蘇口焙，與北苑不相屬。昔有蘇氏居之，其園別為四：其最高處曰曾坑，際上又曰尼園，又北曰官坑上園、下坑園。慶曆中，始入北苑。歲貢有曾坑上品一斤，叢出於此。曾坑山淺土薄，苗發多紫，復不肥乳，氣味殊薄。今歲貢以苦竹園茶充之，而蔡公《茶錄》亦不云曾坑者佳。又石坑者，涉溪東北，距焙僅一舍，諸焙絕下。慶曆中，分屬北苑。園之別有十：一曰大畬，二曰石雞望，三曰黃園，四曰石坑古焙，五曰重院，六曰彭坑，七曰蓮湖，八曰嚴曆，九曰烏石高，十曰高尾。山多古木修林，今為本焙取材之所。園焙歲久，今廢不開。二焙非產茶之所，今附見之。

壑源第三〔註3〕

建安郡東望北苑之南山，叢然而秀，高峙數百丈，如郛郭焉。（民間所謂捍

〔註2〕原注：曾坑石坑附。
〔註3〕原注：葉源附。

火山也）其絕頂西南下，視建之地邑。（民間謂之望州山）山起壑源口而西，周抱北苑之群山，迤邐南絕，其尾巋然，山阜高者為壑源頭，言壑源嶺山自此首也。大山南北，以限沙溪。其東曰壑水之所出。水出山之南，東北合為建溪。壑源口者，在北苑之東北，南徑數里。有僧居曰承天，有園隴北，稅官山。其茶甘香，特勝近焙，受水則渾然色重，粥面無澤。道山之南，又西至於章歷。章歷西曰後坑，西曰連焙，南曰焙上，又南曰新宅，又西曰嶺根，言北山之根也。茶多植山之陽，其土赤埴，其茶香少而黃白。嶺根有流泉，清淺可涉。涉泉而南，山勢回曲，東去如鉤，故其地謂之堅嶺坑頭，茶為勝。絕處又東，別為大窠坑頭，至大窠為正壑嶺，實為南山。土皆黑埴，茶生山陰，厥味甘香，厥色青白，及受水，則淳淳光澤。（民間謂之冷粥面）視其面，渙散如粟。雖去社，茅葉過老，色益青明，氣益鬱然，其止，則苦去而甘至。（民間謂之草木大而味大是也）他焙芽葉遇老，色益青濁，氣益勃然，甘至，則味去而苦留，為異矣。大窠之東，山勢平盡，曰壑嶺尾，茶生其間，色黃而味多土氣。絕大窠南山，其陽曰林坑，又西南曰壑嶺根，其西曰壑嶺頭。道南山而東，曰穿欄焙，又東曰黃際。其北曰李坑，山漸平下，茶色黃而味短。自壑嶺尾之東南，溪流繚繞，岡阜不相連附。極南塢中曰長坑，踰嶺為葉源。又東為梁坑，而盡於下湖。葉源者，土赤多石，茶生其中，色多黃青，無粥面粟紋而頗明爽，復性重喜沉，為次也。

佛嶺第四

佛嶺連接葉源，下湖之東，而在北苑之東南，隔壑源溪水。道自章阪東際為丘坑，坑口西對壑源，亦曰壑口。其茶黃白而味短。東南口曾坑，（今屬北苑）其正東曰後歷。曾坑之陽曰佛嶺，又東至於張坑，又東曰李坑，又有硬頭、後洋、蘇池、蘇源、郭源、南源、畢源、苦竹坑、歧頭、樣頭，皆周環佛嶺之東南。茶少甘而多苦，色亦重濁。又有簀（簀，音膽，未詳此字。）源、石門、江源、白沙，皆在佛嶺之東北。茶泛然縹塵色而不鮮明，味短而香少，為劣耳。

沙溪第五

沙溪去北苑西十里，山淺土薄，茶生則葉細，芽不肥乳。自溪口諸焙，色黃而土氣。自龔漈南曰挺頭，又西曰章坑，又南曰永安，西南曰南坑漈，其西曰砰溪。又有周坑、范源、溫湯漈、厄源、黃坑、石龜、李坑、章坑、章村、小梨，皆屬沙溪。茶大率氣味全薄，其輕而浮，浡浡如土色，製造亦殊壑源

者，不多留膏，蓋以去膏盡，則味少而無澤也，（茶之面無光澤也）故多苦而少
甘。

茶名第六〔註4〕

茶之名有七：

一曰白葉茶，民間大重，出於近歲，園焙時有之。地不以山川遠近，發
不以社之先後，芽葉如紙，民間以為茶瑞，取其第一者為鬥茶，而氣味殊薄，
非食茶之比。今出壑源之大窠者六（葉仲元、葉世萬、葉世榮、葉勇、葉世積、葉相），
壑源岩下一（葉務滋），源頭二（葉團、葉肱），壑源後坑（葉久）壑源嶺根三（葉公、
葉品、葉居），林坑黃漈一（游容），丘坑一（游用章），畢源一（王大照），佛嶺尾一
（游道生），沙溪之大梨深上一（謝汀），高石岩一（雲擦院），大梨一（呂演），砰
溪嶺根一（任道者）。

次有柑葉茶，樹高丈餘，徑頭七八寸，葉厚而圓，狀類柑橘之葉。其芽
發即肥乳，長二寸許，為食茶之上品。

三曰早茶，亦類柑葉，發常先春，民間採製，為試焙者。

四曰細葉茶，葉比柑葉細薄，樹高者五六尺，芽短而不乳，今生沙溪山
中，蓋土薄而不茂也。

五曰稽茶，葉細而厚密，芽晚而青黃。

六曰晚茶，蓋雞茶之類，發比諸茶晚，生於社後。

七曰叢茶，亦曰蘖茶，叢生，高不數尺，一歲之間，發者數四，貧民取以
為利。

採茶第七〔註5〕

建溪茶，比他郡最先，北苑、壑源者尤早。歲多暖，則先驚蟄十日即芽。
歲多寒，則後驚蟄五日始發。先芽者氣味俱不佳，唯過驚蟄者最為第一。民
間常以驚蟄為候。諸焙後北苑者半月，去遠則益晚。凡採茶必以晨興，不以
日出。日出露稀，為陽所薄，則使芽之膏腴出耗於內，茶及受水而不鮮明，故
常以早為最。凡斷芽必以甲不以指，以甲則速斷不柔，以指則多溫易損。擇
之必精，濯之必潔，蒸之必香，火之必良，一失其度，俱為茶病。（民間常以春
陰為採茶得時，日出而採，則茅葉易損，建人謂之採摘不鮮，是也。）

〔註4〕原注：茶之名類殊別，故錄之。
〔註5〕原注：辨茶須知製造之始，故次。

茶病第八〔註6〕

　　芽擇肥乳，則甘香而粥面，著看盞而不散。土瘠而芽短，則雲腳渙亂，去盞而易散。葉梗半，則受水鮮白。葉梗短，則色黃而泛。（梗，謂芽之身除去白合處，茶民以茶之色味俱在梗中。）烏蒂、白合，茶之大病。不去烏蒂，則色黃黑而惡。不去白合，則味苦澀。（丁謂之論備矣）蒸芽必熟，去膏必盡。蒸芽末熟則草木氣存，（適口則知）去膏未盡則色濁而味重。受煙則香奪，壓黃則味失，此皆茶之病也。（受煙，謂過黃時火中有煙，使茶香盡而煙臭不去也。壓去膏之時，久留茶黃未造，使黃經宿，香味俱失，夐然氣如假雞卵臭也。）

〔註6〕原注：試茶辨味必須知茶之病，故又次之。

43 宣和北苑貢茶錄

〔宋〕熊蕃[註1]始撰　熊克增補　〔清〕汪繼壕校按[註2]

題解

　　此書在許多古籍中均有收錄,例如《說郛》《欽定古今圖書集成》《宋史》《文獻通考》《四庫全書》《茶書全集》《讀畫齋叢書》等。相比較之下,《四庫全書》本、《讀畫齋叢書》本因錄有較為詳細的校按內容而尤受學界重視。其中,《讀畫齋叢書》本則又在《四庫全書》本基礎上,經汪繼壕校按而內容最豐。故而此本以汪繼壕校按者為底錄入,詳見清顧修所編《讀畫齋叢書》辛集・第一冊・第一種,清嘉慶四年(1799)桐川顧氏校刊本。熊蕃(1106～1156),字茂叔,建陽人,世稱「獨善先生」。曾在建安擔任茶官時借機研究貢茶之種植採造,品飲精工等。《宣和北苑貢茶錄》乃其代表茶作,約1121～1125年間撰成。熊克,字子復,熊蕃之子,孝宗時官起居郎兼直學士院,後知任台州,著有《中興小記》四十卷。汪繼壕,主要活動於清嘉慶年間,乃一代廉吏汪輝祖第五子,擅長農業、茶事等方面的研究。在汪繼壕的校按中,約增補二千餘言,成為當今研究、考據的重要史料。在錄著中,汪繼壕所校按者,依然按照原典標注為「繼壕按」;而標明「按」或補充於括號內者,則是《四庫全書》本的原有校按、注釋內容,不再做特別說明。此貢茶錄,核心內容在「貢茶」之種植採造,極盡色香味品相之精緻能事。而於所

〔註1〕熊蕃所著《宣和北苑貢茶錄》,備述建安茶園採焙入貢法式。
〔註2〕熊蕃始撰原文及採茶詩十首,初行世時十首詩歌未並錄。後其子熊克整理《宣和北苑貢茶錄》,專門為之繪製貢茶圖譜三十八幅,且錄熊蕃採茶詩十章於內。至清代,汪繼壕以《四庫全書》本為底,詳加校釋此書,遂成現今之體制。

謂禪茶之意，不外乎詳細瞭解建茶北苑之歷史盛況，多品味其中諸茶家文人之心理內涵。

第一原著並校按

陸羽《茶經》，裴汶《茶述》，皆不第建品。說者但謂二子未嘗至閩。

> 繼壕按：《說郛》「閩」作「建」，曹學佺《輿地名勝志》：「甌寧縣雲際山在鐵獅山左，上有永慶寺，後有陸羽泉，相傳唐陸羽所鑿。宋楊億詩云『陸羽不到此，標明慕昔賢』是也。」

而不知物之發也，固自有時。蓋昔者山川尚閟，靈芽未露。至於唐末，然後北苑出為之最。

> 繼壕按：張舜民《畫墁錄》云：「有唐品茶，以陽羨為上供，建溪北苑未著也。貞元中，常袞為建州刺史，始蒸焙而研之，謂研膏茶。」顧祖禹《方輿紀要》云：「鳳凰山之麓名北苑，廣二十里，舊經云，偽閩龍啟中，里人張廷暉以所句北苑地宜茶，獻之官，其地始著。」沈括《夢溪筆談》云：「建溪勝處曰郝源、曾坑，其間又岔根山頂二品尤勝，李氏時號為北苑，置使領之。」姚寬《西溪叢語》云：「建州龍焙面北，謂之北苑。」《宋史‧地理志》：建安有北苑茶焙、龍焙。「宋子安《試茶錄》云：北苑西距建安之洄溪二十里，東至東宮百里。過洄溪，踰東宮，則僅能成餅爾。獨北苑連屬諸山者最勝。」蔡絛《鐵圍山叢談》云：「北苑龍焙者，在一山之中間，其周遭則諸葉地也，居是山號正焙。一出是山之外，則曰外焙。正焙、外焙，色香迥殊。此亦山秀地靈所鍾之有異色已。龍焙又號官焙。」

是時，偽蜀詞臣毛文錫作《茶譜》。

> 繼壕按：吳任臣《十國春秋》：「毛文錫，字平珪，高陽人，唐進士，從蜀高祖，官文思殿大學上。拜司徒。貶茂州司馬。有《茶譜》一卷。《說郛》作」王文錫，《文獻通考》作「燕文錫」，《合璧事類》《山堂肆考》作「毛文勝」；《天中記》「茶譜」作「茶品」，並誤。

亦第言建有紫筍。

繼壕按：樂史《太平寰宇記》云：「建州土貢茶，引《茶經》云：『建州方
　　　山之芽及紫筍，片大極硬，須湯浸之，方可碾，即治頭痛，江東
　　　老人多味之。』」

而臘麵，乃產於福。五代之季，建屬南唐。

按：南唐保大三年，俘王延政而得其地。

歲率諸縣民採茶北苑，初造研膏，繼造臘麵。

按：丁晉公《茶錄》載：泉南老僧清錫，年八十四，嘗示以所得李國主
　　　書，寄研膏茶，隔兩歲方得臘麵，此其實也。至景祐中，監察御史
　　　丘荷撰《御泉亭記》，乃云：「唐季敕福建罷貢橄欖，但贄臘麵茶，
　　　即臘麵產於建安明矣。」荷不知臘麵之號始於福，其後建安始為之。
　　　按唐《地里志》：福州貢茶及橄欖，建州惟貢練練，未嘗貢茶。前所
　　　謂「罷供橄欖，惟贄臘麵茶」，皆為福也。慶厯初，林世程作《閩中
　　　記》，言福茶所產在閩縣十里。且言徃時建茶未盛，本土有之，今則
　　　土人皆食建茶。世程之說，蓋得其實，而晉公所記臘麵起於南唐，
　　　乃建茶也。

既又（繼壕按：原本「又」作「有」，據《說郛》《天中記》《廣群芳譜》改。）製其佳
者，號曰京鋌。（按：其狀如貢神金、白金之鋌。）

聖朝開寶末，下南唐，太平興國初，特置龍鳳模，遣使即北苑造團茶，
以別庶飲，龍鳳茶蓋始於此。

按：《宋史·食貨志》載：「建寧臘茶，北苑為第一，其最佳者曰社前，次
　　　曰火前，又曰雨前，所以供玉食，備賜予，太平興國始置。大觀以
　　　後，製愈精、數愈多，胯式屢變，而品不一，歲貢片茶二十一萬六
　　　千斤。」又《建安志》：「太平興國二年，始置龍焙，造龍鳳茶。漕
　　　臣柯適為之記云。」

繼壕按：祝穆《事文類聚續集》云：建安北苑始於太宗太平興國三年。

又一種茶，叢生石崖，枝葉尤茂，至道初有詔造之，別號石乳。

繼壕按：彭乘《墨客揮犀》云：「建安能仁院有茶生石縫間，寺僧採造，
　　　得茶八餅，號石岩白，當即此品。」《事文類聚續集》云：「至道
　　　間，仍添造石乳、臘麵。」而此無臘麵，稍異。

又一種號的乳。

按：馬令《南唐書》：嗣主李璟命建州茶製的乳茶，號曰京鋌。臘茶之貢
　　自此始，罷貢陽羨茶。

繼壕按：《南唐書》時在保大四年。

又一種號白乳，蓋自龍鳳與京（繼壕按：原本脫「京」字，據《說郛》補。）、石、
的、白四種繼出，而臘麵降為下矣。

按：楊文公億《談苑》所記，龍茶以供乘輿，及賜執政親王長主，其餘皇
　　族學士將帥，皆得鳳茶，舍人近臣賜金鋌、的乳，而白乳賜館閣，
　　惟臘麵不在賜品。按：《建安志》載《談苑》云：京鋌、的乳賜舍人、
　　近臣，白乳的乳賜館閣。疑京鋌悮金鋌，白乳下遺的乳。

繼壕按：《廣群芳譜》引《談苑》與原注同。惟原注內「白乳賜館閣，惟
　　　　臘麵不在賜品」二句作「館閣白乳」。龍鳳、石乳茶，皆太宗令
　　　　罷。金鋌正作京鋌。王鞏《甲申雜記》云：「初貢團茶及白羊酒，
　　　　惟見任兩府方賜之。仁宗朝及前宰臣，歲賜茶一斤、酒二壺，後
　　　　以為例。」《文獻通考》榷茶條云：「凡茶有二類，曰片曰散，其
　　　　名有龍、鳳、石乳、的汝、白乳、頭金、臘麵、頭骨、次骨、末
　　　　骨、粗骨、山挺十二等，以充歲貢及邦國之用。」注云：「龍、
　　　　鳳皆團片，石乳、頭汝皆狹片，名曰京的。乳亦有闊片者。乳以
　　　　下皆闊片。」

蓋龍鳳等茶，皆太宗朝所製。至咸平初丁晉公漕閩，始載之於《茶錄》。

按：人多言龍鳳團起於晉公，故張氏《畫墁錄》云：「晉公漕閩，始創為
　　龍鳳團。」此說得於傳聞，非其實也。

慶曆中，蔡君謨將漕，創造小龍團以進，被旨仍歲貢之。

按：君謨《北苑造茶詩》自序云：「其年改造上品龍茶二十八片，纔一斤，
　　尤極精妙，被旨仍歲貢之。」歐陽文忠公《歸田錄》云：「茶之品莫
　　貴於龍鳳，謂之小團，凡二十八片，重一斤，其價直金二兩。然金
　　可有，而茶不可得。嘗南郊致齋，兩府共賜一餅，四人分之。宮人
　　往往縷金花其上，蓋貴重如此。

繼壕按：石刻蔡君謨《北苑十詠·採茶詩》自序云：「其年改作茶十斤，
　　　　尤甚精好，被旨號為上品龍茶，仍歲貢之。」又詩句注云：「龍

鳳茶八片為一斤，上品龍茶每斤二十八片。」《澠水燕談》作「上品龍茶一斤二十餅。」葉夢得《石林燕語》云：「故事，建州歲貢大龍鳳團茶各二斤，以八餅為斤。仁宗時，蔡君謨知建州，始別擇茶之精者，為小龍團十斤以獻，斤為十餅。仁宗以非故事，命劾之，大臣為請，因留免劾，然自是遂為減額。」王從謹《清虛雜著補闕》云：「蔡君謨始作小團茶入貢，意以仁宗嗣未立，而悅上心也。又作曾坑小團，歲貢一斤，歐文忠所謂兩府共賜一餅者是也。」吳曾《能變齋漫錄》云：「小龍小鳳，初因君謨為建漕造十斤獻之，朝廷以其額外，免勘。明年詔第一綱盡為之。」

自小團出，而龍鳳遂為次矣。元豐間，有旨造密雲龍，其品又加於小團之上。

按：昔人詩云：「小璧雲龍不入香，元豐龍焙乘詔作。」蓋謂此也。按：此詩乃山谷和王揚休點密雲龍詩。

繼壕按：《山谷集·博士王揚休碾密雲龍同事十三人飲之戲作》云：「喬雲蒼璧小般〔註3〕龍，貢包新樣出元豐。王郎坦腹飯床東，太官分物來婦翁。」又山谷《謝送碾賜壑源揀芽詩》云：「喬雲從龍小蒼璧，元豐至今人未識。」俱與本注異。《石林燕語》云：熙寧中，賈青為轉運使，又取小團之精者為密雲龍，以二十餅為斤而雙袋，謂之雙角團茶，大小團袋皆用緋，通以為賜也。密雲獨用黃，蓋專以奉玉石。其後又有為瑞雲翔龍者。」周輝《清波雜志》云：「自熙寧後，始貴密雲龍，每歲頭綱修貢，奉宗廟及供玉石外，齋及臣下無幾。戚里貴近，丐賜尤繁。宣仁一日慨歎曰：令建州今後不得造蜜雲龍，受他人煎炒。不得，也出來道，我要蜜雲龍，不要團茶，揀好茶吃了，生得其意智？此語既傳播於縉紳間，由是密雲龍之名益著。」是密雲龍實始於熙寧也。《畫墁錄》亦云：「熙寧末，神宗有旨，建州製密雲龍，其品又加於小團矣。然密雲龍之出，則二團少粗，以不能兩好也。」惟《清虛雜著補闕》云：「元豐中，取揀芽不入香，作密雲龍茶，

〔註3〕考山谷集原作「盤」。

小於小團，而厚實過之。終元豐時，外臣未始識之。宣仁垂簾，始賜二府兩指許一小黃袋，其白如玉，上題曰揀芽，為神宗所藏。」《鐵圍山叢談》云：「神祖時，即龍焙又進密雲龍。密雲龍者，其雲紋細密，更精絕於小龍團也。」

紹聖間，改為瑞雲翔龍。

繼壕按：《清虛雜著補闕》：「元祐末，福建轉運司又取北苑槍旗，建人所作鬥茶者，以為瑞雲龍。請進，不納。紹聖初，方入貢，歲不過八團。其制與密雲龍等而差小也。」《鐵圍山叢談》云：「哲宗朝，益復進瑞雲翔龍者，御府歲止得十二餅焉。」

至大觀初，今上親製《茶論》二十篇，以白茶與常茶不同，偶然生出，非人力可致，於是白茶遂為第一。

按：慶曆初，吳興劉異為《北苑拾遺》云：官園中有白茶五六株，而壅培不甚至，茶戶唯有王免者，家一巨株，向春常造浮屋以障風日。其後有宋子安者作《東溪試茶錄》，亦言白茶民間大重，出於近歲芽，葉如紙，建人以為茶瑞。則知白茶可貴，自慶曆始，至大觀而盛也。

繼壕按：《蔡忠惠文集·茶記》云：「王家白茶，聞於天下。其人名大詔，白茶惟一株，歲可作五七餅，如五銖錢大。方其盛時，高視茶山，莫敢與之角。一餅值錢一千，非其親故，不可得也。終為園家以計枯其株。予過建安，大詔垂涕為余言其事。今年枯蘗輒生一枝，造成一餅，小於五銖。大詔越四千里，特攜以來京篩見余，喜發顏面。予之好茶固深矣。而大詔不遠千里之役，其勤如此，意謂非予莫之省也。可憐哉！乙巳初月朔日書。」本注作「王免」，與此異。宋子安《試茶論》、晁公武《郡齋讀書志》作「朱子安」。

既又製三色細芽，

繼壕按：《說郛》《廣群芳譜》俱作「細茶」。

及試新銙，

按：大觀二年，造御苑玉芽、萬壽龍芽。四年，又造無比壽芽及試新銙。

按：《宋史·食貨志》「銙」作「胯」。

繼壕按：《石林燕語》作「銙」，《清波雜志》作「誇」。

貢新銙，

按：政和三年造貢新銙式，新貢皆創為此，獻在歲額之外。

自三色細芽出，而瑞雲翔龍顧居下矣。

繼壕按：《石林燕語》：「宣和後，團茶不復貴，皆以為賜，亦不復向日之
　　　　精。後取其精者為『銙』茶，歲賜者不同，不可勝紀矣。」《鐵
　　　　圍山叢談》云：「祐陵雅好尚，故大觀初，龍焙於歲貢色目外，
　　　　乃進御苑玉芽、萬壽龍芽。政和間，且增以長壽玉圭。玉圭凡僅
　　　　盈寸。大抵北苑絕品，曾不過是。歲但可十百餅，然名益新、品
　　　　益出，而舊格遞降於劣爾。

凡茶芽數品，最上曰小芽，如雀舌、鷹爪，以其勁直纖銳，故號芽茶。次
曰揀芽〔註4〕，（繼壕按：《說郛》《廣群芳譜》中俱作「揀芽」。）乃一芽帶一葉者，號
一槍一旗。

次曰紫芽〔註5〕，（繼壕按：《說郛》《廣群芳譜》中俱作「中芽」。）乃一芽帶兩葉
者，號一槍兩旗。

其帶三葉四葉，皆漸老矣。芽茶早春極少，景德中，建守周絳（繼壕按：《文
獻通考》云：「絳，祥符初，知建州。」《福建通志》作「天聖間任」。）為《補茶經》言：「芽
茶只作早茶，馳奉萬乘嘗之，可矣。如一槍一旗，可謂奇茶也。」故一槍一旗
號揀芽，最為挺特光正。舒王《送人官閩中詩》云「新茗齋中試一旗」，謂揀芽
也。或者乃謂茶芽未展為槍，已展為旗，指舒王此詩為誤，蓋不知有所謂揀芽
也。

按：今上聖製《茶論》曰：「一旗一槍為揀芽。」又見王岐公珪詩云：「北
　　　苑和香品最精，綠芽未雨帶旗新。」故相韓康公絳詩云：「一鎗已笑
　　　將成葉，百草皆羞未敢花。」此皆詠揀芽，與舒王之意同。

繼壕按：王荊公追封舒王，此乃荊公送福建張比部詩中句也。《事文類聚
　　　　續集》作「送元厚之詩」，誤。

夫揀芽猶貴如此，而況芽茶以供天子之新嘗者乎？

芽茶絕矣。至於水芽，則曠古未之聞也。

〔註4〕底本、喻政本、四庫本、涵芬樓本皆作「中芽」。
〔註5〕參照所用底本、四庫本錄為「紫芽」。

宣和庚子歲,漕臣鄭公可簡,

按:《潛確類書》作「鄭可聞」。

繼壕按:《福建通志》作「鄭可簡」,宣和間,任福建路轉運司使。《說郛》
作「鄭可問」。

始創為銀線水芽。蓋將已揀熟芽再剔去,祇取其心一縷,用珍器貯清
泉漬之,光明瑩潔,若銀線然。其制方寸新銙,有小龍蜿蜒其上,號龍園
勝雪。

按:《建安志》云:「此茶蓋於白合中取一嫩條,如絲髮大者,用御泉水
研造成。分試其色如乳,其味腴而美。」又「園」字,《潛確類書》
作「團」,今仍從原本,而附識於此。

繼壕按:《說郛》《廣群芳譜》「園」作「團」,下同。唯姚寬《西溪叢語》
作「園」。

又廢白、的、石三乳,鼎造花銙二十餘色。初,貢茶皆入龍腦。(蔡君謨
《茶錄》云:「茶有真香,而入貢者微以龍腦和膏,欲助其香。」)至是慮奪真味,始不
用焉。

蓋茶之妙,至勝雪極矣,故合為首冠。然猶在白茶之次者,以白茶上所
好也。異時,郡人黃儒撰《品茶要錄》,極稱當時靈芽之富,謂使陸羽數子見
之,必爽然自失,蕃亦謂使黃君而閱今日,則前乎此者未足詫焉。

然焙初興,貢數殊少,

按:太平興國初纔貢五十斤。

繼壕按:《能改齋漫談》云:「建茶務,仁宗初,歲造小龍、小鳳各三十
斤,大龍、大鳳各三百斤,不如香京鋌共二百斤,臘茶一萬五
千斤。」王存《元豐九域志》云:「建州土貢龍鳳茶八百二十
斤。」

累增至於元符,以片(繼壕按:《說郛》曰「斤」)計者一萬八千,視初已加數
倍,而猶未盛。今則為四萬七千一百片,繼壕按:(《說郛》曰「斤」)有奇矣。(此
數皆見范逵所著《龍焙美成茶錄》。逵,茶官也。繼壕按:《說郛》曰「范逵」。)

自白茶、勝雪以次,厥名實繁,今列於左,使好事者得以觀焉。

貢新銙(大觀二年造)

試新銙（政和二年造）

白茶（政和三年造。繼壕按：《說郛》曰「二年」。）

龍園勝雪（宣和二年造）

御苑玉芽（大觀二年造）

萬壽龍芽（大觀二年造）

上林第一（宣和二年造）

乙夜供清（宣和二年造）

承平雅玩（宣和二年造）

龍鳳英華（宣和二年造）

玉除清賞（宣和二年造）

啟沃承恩（宣和二年造）

雪英（宣和三年造。繼壕按：《說郛》作「二年」，《天中記》「雪」作「雲」。）

雲葉（宣和三年造。繼壕按：《說郛》作「二年」。）

蜀葵（宣和三年造。繼壕按：《說郛》作「二年」。）

金錢（宣和三年造）

玉華（宣和三年造）

寸金（宣和三年造。繼壕按：《西溪叢語》作「千金」，誤。）

無比壽芽（大觀四年造）

萬春銀葉（宣和二年造）

宜年寶玉（宣和二年造。繼壕按：《說郛》作「三年」。）

玉清慶雲（宣和二年造）

無疆壽龍（宣和二年造）

玉葉長春（宣和四年造。繼壕按：《說郛》《廣群芳譜》，在「無疆壽龍」下。）

瑞雲翔龍（紹聖二年造。繼壕按：《西溪叢語》及下圖目並作「瑞雪翔龍」，當誤。）

長壽玉圭（政和二年造）

興國岩銙

香口焙銙

上品揀芽（紹聖二年造。繼壕按：《說郛》「紹聖」誤「紹興」。）

新收揀芽

太平嘉瑞（政和二年造）

龍苑報春（宣和四年造）

南山應瑞（宣和四年造）

興國岩揀芽

興國岩小龍

興國岩小鳳（已上號細色）

揀芽

小龍

小鳳

大龍

大鳳（已上號粗色）

又有瓊林毓粹、浴雪呈祥、壑源拱秀、貢篚推先、價倍南金、暘谷先春、壽岩都勝、延平石乳、清白可鑒、風韻甚高凡十色，皆宣和二年所製，越五歲省去。

右歲分十餘綱，惟白茶與勝雪自驚蟄前興役，浹日乃成。飛騎疾馳，不出中春，已至京師，號為頭綱。玉芽以下，即先後以次發。逮貢足時，夏過半矣。歐陽文忠公詩曰：「建安三千五百里，京師三月嘗新茶。」蓋異時如此。

> 繼壕按：《鐵圍山叢談》云：「茶茁其芽，貴在社前，則已進御。自是迤邐宣和間，皆占冬至而嘗新茗，是率人力為之，反不近自然矣。」

以今較昔，又為最早。因念草木之微，有瓌奇卓異，亦必逢時而後出，而況為士者哉！昔昌黎先生感二鳥之蒙採擢，而自悼其不如，今蕃於是茶也。焉敢效昌黎之感賦，姑務自警而堅其守，以待時而已。

第二熊克所補

一、熊克繪北苑貢茶圖譜〔註7〕

〔註7〕圖譜均為熊克繪製，轉引自《宣和北苑貢茶錄》，見《四庫全書》子部‧譜錄類，第844冊，第639～646頁。

試新銙　竹圈

貢新銙　竹圈

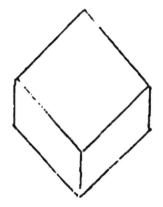

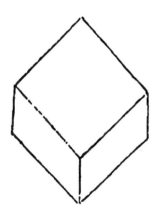

龍團勝雪

白茶

竹圈

銀模

竹圈

銀模

銀模

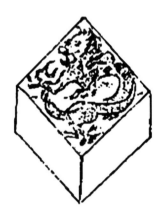

御苑玉芽　　　　萬壽龍芽

銀　銀　　銀　銀
圈　模　　圈　模

上林第一

按此條原
本闕圓橫

乙夜供清

竹圜

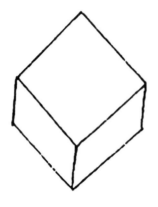 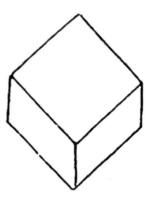

承平雅玩

龍鳳英華

竹圈

按此條原
本闕圖模

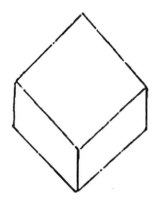

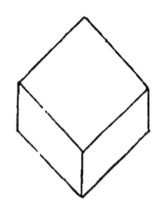

玉除清賞

按此條原
本闕圖模

啓沃承恩

竹圖

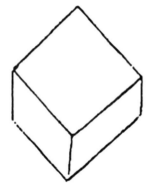

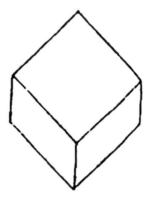

雲葉

雪英

銀圈

銀模

銀圈

銀模

蜀葵

金錢

銀模　　銀圈　　銀模　　銀圈

寸金

玉華

竹圈

銀模

銀圈

銀模

無比壽芽

竹圈

銀模

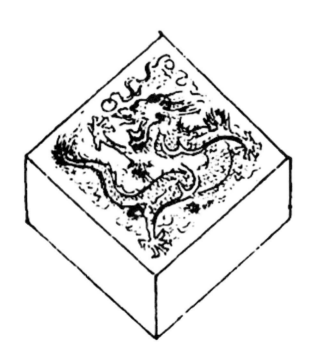

萬春銀葉

銀圈

銀模

宜年寶玉

銀模

銀圈

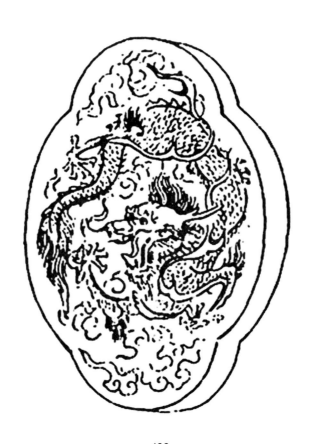

玉清慶雲

銀模

銀圈

玉葉長春

無疆壽龍　銀模

竹圈　　竹圈

瑞雪翔龍

銀模

銅圈

長壽玉圭

銀模

銅圈

興國巖銙

竹圈

香口焙銙

竹圈

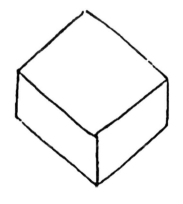

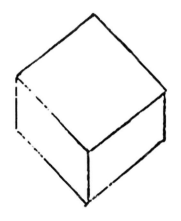

上品揀芽

銀模

銅圈

新收揀芽

銅圈

銀模

太平嘉瑞

銀模

銅圈

龍苑報春　銀模

銅圈

南山應瑞　銀模

銀圈

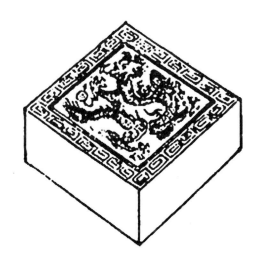

興國巖揀芽

銀模

銀圈

小龍

銀模

銀圈

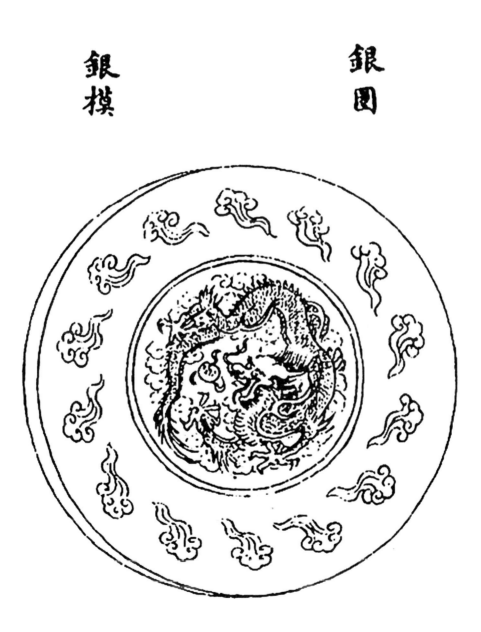

大龍

銀模

銅圈

小鳳

銅圈

銀模

大鳳

銀模

銅圈

二、熊蕃御苑採茶歌十首並序

先朝曹司封（修睦），自號退士，嘗作御苑採茶歌十首，傳在人口。今龍園所製，視昔尤盛，惜乎退士不見也。蕃謹摭故事，亦賦十首，獻之漕使。仍用退士元韻，以見仰慕前修之意。

一

雪腴貢使手親調，旋放春天採玉條。

伐鼓危亭驚曉夢，嘯呼齊上苑東橋。

二

采采東方尚未明，玉芽同護見心誠。

時歌一曲青山裏，便是春風陌上聲。

三

共抽靈草報天恩，貢令分明使指尊。〔註8〕

邐卒日循雲塹繞，山靈亦守禦園門。

四

紛綸爭徑踩新苔，回首龍園曉色開。

一尉鳴鉦三令趣，急持煙籠下山來。〔註9〕

五

紅日新升氣轉和，翠籃相逐下層坡。

茶官正要靈芽潤，不管新來帶露多。〔註10〕

六

翠虯新範絳紗籠，看罷人生玉節風。

葉氣雲蒸千嶂綠，歡聲雷震萬山紅。

七

鳳山日日瀚非煙，勝得三春雨露天。

棠坼淺紅酣一笑，柳垂淡綠困三眠。〔註11〕

〔註8〕原注：龍焙造茶依御廚法。
〔註9〕原注：採茶不許見日出。
〔註10〕原注：採新芽不折水。
〔註11〕原注：紅雲島上多海棠，兩堤官柳最盛。

八

龍焙夕薰凝紫霧，鳳池曉濯帶蒼煙。

水芽只自宣和有，一洗槍旗二百年。

九

修貢年年採萬株，只今勝雪與初殊。

宣和殿裏春風好，喜動天顏是玉腴。

十

外臺慶歷有仙官，龍鳳纔聞製小團。〔註12〕

爭得似金模寸璧，春風第一薦宸餐。

三、熊克序

先人作《茶錄》，當貢品極盛之時，凡有四十餘色。紹興戊寅歲，克攝事北苑，閱近所貢，皆仍舊，其先後之序亦同。惟躋龍園、勝雪於白茶之上，及無興國岩小龍、小鳳。蓋建炎南渡，有旨罷貢三之一而省去也。〔註13〕先人但著其名號，克今更寫其形制，庶覽之者無遺恨焉。先是，壬子春，漕司再葺茶政，越十三載，仍復舊額，且用政和故事，補種茶二萬株。〔註14〕次年益虔貢職，遂有創增之目。仍改京鋌為大龍團，由是大龍多於大鳳之數。凡此皆近事，或者猶未知之也。

〔註12〕原注：按《建安志》慶歷間蔡公端明為漕使，始改造小園龍茶，此詩蓋指此。

〔註13〕原注：按《建安志》載：靖康初，詔減歲貢三分之一，紹興間，復減大龍及京鋌之半。十六年，又去京鋌，改造大龍團。至三十二年，凡工用之費，籧羞之式，皆令漕臣嵩之，且減其數。雖府貢龍鳳茶，亦附漕綱以進，與此小異。按：《宋史·食貨志》：「歲貢片茶二十一萬六千斤。建炎以來，葉濃、楊勍等相因為亂，園丁散亡，遂罷之。紹興二年，躅末起大龍團一千七百二十八斤。五年，復減大龍鳳及京鋌之半。」李心傳《建炎以來朝野雜記甲集》云：「建茶歲產九十五萬斤，其為團胯者，號臘茶，久為人所貴。舊制，歲貢片茶二十一萬六千斤。建炎二年，葉濃之亂，園丁亡散，遂罷之。紹興四年，明堂始命市五萬斤為大禮賞。五年，都督府請如舊額，發赴建康，召商人持往淮北。檢察福建財用章傑，以片茶難市，請市末茶。許之。轉運司言其不經久，乃止。既而官給長引，許商販度淮。十二年六月。興榷場，遂取臘茶為場本。九月，禁私販，官盡榷之。上京之餘，許通商，官收息三倍。又詔，私載建茶入海者斬。此五年正月辛未詔旨，議者因請鬻建茶於臨安。十月，移茶事司於建州，專一買發。十三年閏月，以失陷引錢，復令通商。今上供龍鳳及京鋌茶，歲額視承平才半。蓋高宗以錫賚既少，俱傷民力，故裁損其數云。

〔註14〕原注：政和間曾種三萬株。

先人又嘗作貢茶歌十首，讀之可想見異時之事，故並取以附於末。三月初吉，男克北苑寓舍書。

北苑貢茶最盛，然前輩所錄，止於慶歷以上。自元豐之密雲龍、紹聖之瑞雲龍相繼挺出，製精於舊，而未有好事者記焉。但見於詩人句中，及大觀以來，增創新銙，亦猶用揀芽。蓋水芽至宣和始有，故龍園勝雪與白茶角立，歲充首貢。復自御苑玉芽以下，厥名實繁。先子親見時事，悉能記之，成編具存。今閩中漕臺新刊《茶錄》，未備此書，庶幾補其闕云。

淳熙九年冬十二月四日，朝散郎、行秘書郎、兼國史編修官、學士院權直熊克謹記。

44 北苑別錄

〔宋〕趙汝礪撰　〔清〕汪繼壕校

題解

　　趙汝礪《北苑別錄》錄於清顧修所編《讀畫齋叢書》卒集・第一冊・第一種，清嘉慶四年（1799）桐川顧氏校刊本。趙汝礪，生卒年不詳，熊蕃之門生，主要活動於宋孝宗趙眘在位時期。此書與熊蕃《宣和北苑貢茶錄》相呼應，乃趙汝礪任福建轉運司司帳時（約淳熙丙午1186年）撰寫。相比較之下，《北苑別錄》在御園產地、採造管理、品類數量、加工技術、綱目名稱等方面更為精詳，整體上要更豐富而有新意。更主要的，是留下了一系列有關建茶貢茶的精確數據，令後世有據可查。歷來禪茶文化多偏向心靈體悟以及品飲感受，具有很強的主觀性和不確定性。探究此作，可轉換禪茶固化思維，於另一具體而微處審視茶道。文中按校，乃汪繼壕所為，今仍依汪繼壕校本輯錄。

序

　　建安之東三十里，有山曰鳳凰。其下直北苑，帝聯諸焙。厥土赤壤，厥茶惟上上。太平興國中，初為御焙，歲模龍鳳，以羞貢篚，益表珍異。慶曆中，漕臺益重其事，品數日增，製模日精。厥今茶自北苑上者，獨冠天下，非人間所可得也。方其春蟲震蟄，千夫雷動，一時之盛，誠為偉觀。故建人謂至建安而不詣北苑，與不至者同。僕因攝事，遂得研究其始末。姑摭其大概，條為十餘類，目曰《北苑別錄》云。

御園第一

九窠十二隴（按：《建安志‧茶隴注》云：「九窠十二隴即山之凹凸處，凹為窠、凸為隴。」繼壕按：宋子安《試茶錄》：「自青山曲折而北，嶺勢屬貫魚凡十有二，又隈曲如窠巢者九，其地利為九窠十二隴。」）

麥窠（按：宋子安《試茶錄》作「麥園，言其土壤沃並宜藝麥也，與此作麥窠異。」）

壤園（繼壕按：按：宋子安《試茶錄》：「雞窠又南曰壤園、麥園。」）

龍游窠

小苦竹（繼壕按：按：《試茶錄》作「小苦竹園，園在鼫鼠窠下」。）

苦竹裏

雞藪窠（按：宋子安《試茶錄》：「小苦竹園又西至大園絕尾，踈竹蓊翳，多飛雉，故曰雞藪窠。繼壕按：《太平御覽》引《建安記》：「雞岩隔澗西與武彝相對，半岩有雞窠四枚，石峭上，不可登履，時有群雞百飛翔，雄者類鷴鵲。」《福建通志》云：「崇安武彝山大小藏峰，峰臨澄潭，其半為雞窠岩，一名金雞洞。雞藪窠未知即在此否。」）

苦竹（繼壕按：《試茶錄》：「自焙口達源頭五里，地遠而益高，以園多苦竹，故名曰苦竹，以遠居眾山之首，故曰園頭。」下苦竹源即苦竹園頭。）

苦竹源

鼫鼠窠（按：宋子安《試茶錄》：「直西定山之隈，土石迴向如窠，然泉流積陰之處多飛鼠，故曰鼫鼠窠。」）

教煉隴（繼壕按：《試茶錄》作「教練壟」：「焙南直東，嶺極高峻，曰教練壟。東入張坑，南距苦竹。」《說郛》：「煉」亦作「練」。）

鳳凰山（繼壕按：《試茶錄》：「橫坑又北出鳳凰山，其勢中跱，如鳳之首，兩山相向，如鳳之翼，因取象焉。曹學佺《輿地名勝志》：「甌寧縣鳳凰山，其上有鳳凰泉，一名龍焙泉，又名御泉。宋以來，上供茶取此水濯之，其麓即北苑。蘇東坡序略云：北苑龍焙，山如翔鳳下飲之狀，山最高處有乘風堂，堂側豎石碣，字大尺許。」宋慶曆中，柯適記御茶泉深僅二尺許，下有暗渠，與山下溪合，泉從渠出，日夜不竭。又龍山與鳳凰山對峙，宋咸平間，丁謂於茶唐之前，引二泉為龍鳳池，其中為紅雲島，四面植海棠，池旁植柳。旭日始陞時，晴光掩映，如紅雲浮於其上。《方輿紀要》：「鳳凰山一名茶山，又壑源山在鳳凰山南，山之茶為外焙綱，俗名捍火山，又名望州山。」《福建通志》：「鳳凰山今在建安縣吉苑里。」）

大小焊〔註1〕（繼壕按：《試茶錄》「壑源」條云「建安郡東望北苑之南山，叢然而秀，高崎數百丈，如郭郭焉。」注云：民間所謂捍火山也。「焊」疑當作「捍」。）

〔註1〕焊，疑為當時「捍」的通假，借用寫法。

橫坑（繼壕按：《試茶錄》：「教練壟，帶北岡勢橫直，故曰坑。」）

猿遊隴（按：宋子安《試茶錄》：「鳳凰山東南至於袁雲壟，又南至於張坑，言昔有袁氏、張氏居於此，因名其地焉。」與此作猿遊隴異。）

張坑（繼壕按：《試茶錄》：「張坑又南，最高處曰張坑頭。」）

帶園（繼壕按：《試茶錄》：「焙東之山，紫紆如帶，故曰帶園。其中曰中歷坑。」）

焙東

中歷（按：宋子安《試茶錄》作「中歷坑」。）

東際（繼壕按：《試茶錄》：「袁雲壟之北，絕嶺之表曰西際，其東為東際。」）

西際

官平（繼壕按：《試茶錄》：「袁雲壟之北，平下，故曰平園。」當即官平。）

上下官坑（繼壕按：《試茶錄》：「曾坑又北曰官坑，上園下坑，慶曆中始入北苑。」《說郛》在「石碎窠」下。）

石碎窠（繼壕按：徽宗《大觀茶論》作「碎石窠」。）

虎膝窠

樓隴

蕉窠

新園

夫樓基（按：《建安志》作「大樓基」。繼壕按：《說郛》作「天樓基」。）

阮坑

曾坑（繼壕按：《試茶錄》云：「又有蘇口焙，與北苑不相屬。昔有蘇氏居之，其園別為四，其最高處曰曾坑。歲貢有曾坑上品一斤。曾坑山土淺薄，苗發多紫，復不肥乳，氣味殊薄。今歲貢以苦竹園茶充之。」葉夢得《避暑錄話》云：「北苑茶，正所產為曾坑，謂之正焙。非曾坑，為沙溪，謂之外焙。二地相去不遠，而茶種懸絕。沙溪色白，過於曾坑，但味短而微澀，識茶者一啜，如別涇渭也。」）

黃際（繼壕按：《試茶錄》「壑源」條：「道南山而東曰穿欄焙，又東曰黃際。」）

馬鞍山（繼壕按：《試茶錄》：「帶園東又曰馬鞍山。」《福建通志》：「建寧府建安縣有馬鞍山，在郡東北三里許，一名瑞峰，左為雞籠山。」當即此山。）

林園（繼壕按：《試茶錄》：「北苑焙絕東曰林園。」）

和尚園

黃淡窠（繼壕按：《試茶錄》：「馬鞍山又東曰黃淡窠，謂山多黃淡也。」）

吳彥山

羅漢山

水桑窠

師姑園（繼壕按：《說郛》：「在銅場下。」）

銅場（繼壕按：《福建通志》：「鳳凰山在東者曰銅場峰。」）

靈滋

范馬園

高畬

大窠頭（繼壕按：《試茶錄》「壑源」條：「坑頭至大窠為正壑嶺。」）

小山

右四十六所，廣袤三十餘里。自官平而上為內園，官坑而下為外園。方春靈芽荐坼，（繼壕按：《說郛》作「萌坼」。）常先民焙十餘日，如九窠十二隴、龍游窠、小苦竹、張坑、西際，又為禁園之先也。

開焙第二

驚蟄節萬物始萌，每歲常以前三日開焙。遇閏則反（繼壕按：《說郛》「反」作「后」。）之，以其氣候少遲故也。（按：《建安志》候當驚蟄，萬物始萌。漕司常先三日開焙，令春夫喊山以助和氣，遇閏則後二日。繼壕按：《試茶錄》：「建溪茶比他郡最先，北苑壑源者尤早。歲多暖則先驚蟄十日即芽，歲多寒則後驚蟄五日始發。先芽者氣味俱不佳，唯過驚蟄者最為第一。民間常以驚蟄為候。」）

採茶第三

採茶之法，須是侵晨，不可見日。侵晨則露未晞，茶芽肥潤。見日則為陽氣所薄，使芽之膏腴內耗，至受水而不鮮明。故每日常以五更撾鼓，集群夫於鳳凰山（山有打鼓亭）。監採官人給一牌入山，至辰刻復鳴鑼以聚之，恐其逾時貪多務得也。

大抵採茶亦須習熟，募夫之際，必擇土著及諳曉之人。非特識茶發早晚所在，而於採摘各知其指要。蓋以指而不以甲，則多溫而易損；以甲而不以指，則速斷而不柔（從舊說也）。故採夫欲其習熟，政為是耳。（採夫日役二百二十五人。繼壕按：《說郛》作「二百二十二人」。徽宗《大觀茶論》：「擷茶以黎明，見日則止。用爪斷芽，不以指採，慮氣汗薰漬，茶不鮮潔。故茶工多以新汲水自隨，得芽則投諸水。《試茶錄》：「民間常以春陰為採茶得時，日出而採，則芽葉易損，建人謂之採摘不鮮是也。」）

揀茶第四

　　茶有小芽，有中芽，有紫芽，有白合，有烏蒂，此不可不辨。小芽者，其小如鷹爪，初造龍團勝雪、白茶，以其芽先次蒸熟，置之水盆中，剔取其精英，僅如針小，謂之水芽。是小芽中之最精者也。中芽，古謂之（繼壕按：《說郛》有「之」字。）一槍一旗是也。紫芽，葉之（繼壕按：原本作「以」，據《說郛》改。）紫者是也。白合，乃小芽有兩葉抱而生者是也。烏蒂，茶之蒂頭是也。凡茶以水芽為上，小芽次之，中芽又次之，紫芽、白合、烏蒂，皆所在不取。（繼壕按：「茶之始芽萌則有白合，既擷則有烏蒂，白合不去害茶味，烏蒂不去害茶色。」據《說郛》補。）使其擇焉而精，茶之色味無不佳。萬一雜之以所不取，則首面不勻，色濁而味重也。（繼壕按：《西溪叢語》：「建州龍焙，有一泉極清淡，謂之御泉。用其池水造茶，即壞茶味。惟龍團勝雪、白茶二種，謂之水芽，先蒸後揀。每一芽先去外兩小葉，謂之烏蒂。又次去兩嫩葉，謂之白合。留小心芽置於水中，呼為水芽。聚之稍多，即研焙為二品，即龍團勝雪、白茶也。茶之極精好者，無出於此。每銙計工價近二十千。其他茶雖好，皆先揀而後蒸研，其味次第減也。）

蒸茶第五

　　茶芽再四洗滌，取令潔淨，然後入甑，俟湯沸蒸之。然蒸有過熟之患，有不熟之患。過熟則色黃而味淡，不熟則色青易沈，而有草木之氣。唯在得中之為當也。

榨茶第六

　　茶既熟謂「茶黃」，須淋洗數過（欲其冷也），方入小榨，以去其水，又入大榨出其膏。（水芽則以高〔註2〕壓之，以其芽嫩故也。繼壕按：《說郛》「馬」作「高」。）先是包以布帛，束以竹皮，然後入大榨壓之，至中夜取出揉勻，復如前入榨。謂之翻榨。徹曉奮擊，必至於乾淨而後已。蓋建茶味遠而力厚，非江茶之比。江茶畏流其膏，建茶惟恐其膏之不盡，膏不盡，則色味重濁矣。

研茶第七

　　研茶之具，以柯為杵，以瓦為盆。分團酌水，亦皆有數。上而勝雪、白茶，以十六水，下而揀芽之水六，小龍、鳳四、大龍、鳳二，其餘皆十一二

〔註2〕本為「馬」，此據《說郛》改作「高」

焉。自十二水以上，日研一團。自六水而下，日研三團至七團。每水研之，必至於水乾茶熟而後已。水不乾，則茶不熟，茶不熟，則首面不勻，煎試易沉。故研夫尤貴於強有手力者也。

嘗謂天下之理，未有不相須而成者。有北苑之芽，而後有龍井之水。（補：龍井之水），其深不以丈尺，（繼壕按：文有脫誤，《說郛》無此六字亦誤，柯適《記御茶泉》云：「深僅二尺許。」）清而且甘，晝夜酌之而不竭，凡茶自北苑上者皆資焉。亦猶錦之於蜀江，膠之於阿井，詎不信然？

造茶第八

造茶舊分四局，匠者起好勝之心，彼此相誇，不能無弊，遂並而為二焉。故茶堂有東局西局之名，茶鎊有東作西作之號。凡茶之初出研盆，蕩之欲其勻，揉之欲其膩。然後入圈製鎊，隨笪過黃。有方鎊，有花鎊，有大龍，有小龍。品色不同，其名亦異，故隨綱繫之貢茶云。

過黃第九

茶之過黃，初入烈火焙之，次過沸湯爁之。凡如是者三，而後宿一火，至翌日，遂過煙焙焉。然煙焙之火不欲烈，烈則面炮而色黑。又不欲煙，煙則香盡而味焦。但取其溫溫而已。凡火之數多寡，皆視其鎊之厚薄。鎊之厚者，有十火至於十五火。鎊之薄者，亦（繼壕按：《說郛》無「亦」字。）七八九火至於十火〔註3〕。火數既足，然後過湯上出色。出色之後，當置之密室，急以扇扇之，則色澤自然光瑩矣。

綱次第十

繼壕按：《西溪叢語》云：「茶有十綱，第一第二綱太嫩，第三綱最妙，自六綱至十綱，小團至大團而止。第一名曰試新，第二名曰貢新。第三名有十六色，第四名有十二色，第五次有十二色，已下五綱皆大小團也。」云云。其所記品目與目錄同，唯錄載細色粗色共十二綱，而寬〔註4〕云十綱，又云第一名試新，第二名貢新，又細色第五綱十二色內，有先春一色，而無興國岩石揀芽，並與錄

〔註3〕此據涵芬樓本。
〔註4〕「寬」謂《西溪叢語》作者「姚寬」。

異同，疑寬所據者宣和時所修貢錄，而此則本於淳熙間修貢錄也。《清波雜志》云：「淳熙間，親嘗許仲啟官麻沙，得北苑修貢錄，所以刊行，其間載歲貢十有二綱，凡三等四十一名。第一綱曰龍焙貢新，止五十餘銙。」《事文類聚續集》云：「宣和間鄭可簡以貢茶進用，久領漕職計，創添續入，其數浸廣，今猶因之。」

細色第一綱

龍焙貢新。水芽，十二水，十宿火。正貢三十銙，創添二十銙。（按：《建安志》云：「頭綱用社前三日進發，或稍遲亦不過社後三日。第二綱以後，只火候數足發，多不過十日。粗色雖於五旬內製畢，卻候細綱貢絕，以次進發。第一綱拜，其餘不拜，謂非享上之物也。」）

細色第二綱

龍焙試新。水芽，十二水，十宿火，正貢一百銙，創添五十銙。（按：《建安志》云：「數有正貢，有添貢，有續添，正貢之外，皆起於鄭可簡為漕日增。」）

細色第三綱

龍園勝雪。（按：《建安志》云：「龍園勝雪用十六水，十二宿火。白茶用十六水，七宿火。勝雪係驚蟄後採造，茶葉稍壯，故耐火。白茶無培壅之力，茶葉如紙，故火候止七宿。水取其多，則研夫力勝而色白。至火力則但取其適，然後不損真味。）水芽，十六水，十二宿火。正貢三十銙，續添三十銙，創添六十銙。（繼壕按：《說郛》作「細添二十銙，創添二十銙。」）

白茶。水芽，十六水，七宿火，正貢三十銙，續添十五銙，（繼壕按：《說郛》作五十銙。）創添八十銙。

御苑新芽。（繼壕按：《建安志》云：自御苑玉芽下，凡十四品，係細色第三綱。其製之也，皆以十二水，唯玉芽龍芽二色，火候止八宿，蓋二色茶日數比諸茶差早，不敢多用火力。）小芽，（繼壕按：據《建安志》，「小芽」當作「水芽」。詳細色五綱條注）十二水，八宿火，正貢一百片。

萬壽龍芽。小芽，十二水，八宿火，正貢一百片。

上林第一。（按：《建安志》云：「雪英以下六品，火用七宿，則是茶力既強，不必火候太多。自上林第一至啟沃承恩凡六品，日子之製同，故量日力以用火力，大抵欲其適當，不論採摘日子之淺深，而水皆十二，研工多則茶色白故耳。）小芽，十二水，十宿火，正貢一百銙。

乙夜清供。小芽，十二水，十宿火，正貢一百銙。

承平雅玩。小芽，十二水，十宿火，正貢一百銙。

龍鳳英華。小芽，十二水，十宿火，正貢一百銙。

玉除清賞。小芽，十二水，十宿火，正貢一百銙。

啟沃承恩。小芽，十二水，十宿火，正貢一百銙。

雪英。小芽，十二水，七宿火，正貢一百片。

雲葉。小芽，十二水，七宿火，正貢一百片。

蜀葵。小芽，十二水，七宿火，正貢一百片。

金錢。小芽，十二水，七宿火，正貢一百片。

玉葉。小芽，十二水，七宿火，正貢一百片。

寸金。小芽，十二水，九宿火，正貢一百片。

細色第四綱

龍園勝雪。（已見前） 正貢一百五十銙。

無比壽芽。小芽，十二水，十五宿火，正貢五十銙，創添五十銙。

萬壽銀芽。（繼壕按：《說郛》「芽」作「葉」《西溪從語》作「萬春銀葉」。）小芽，十二水，十宿火，正貢四十片，創添六十片。

宜年寶玉。小芽，十二水，十二宿火，（繼壕按：《說郛》作「十宿火」。）正貢四十片，創添六十片。

玉清慶雲。小芽，十二水，九宿火，（繼壕按：《說郛》作「十五宿火」。）正貢四十片，創添六十片。

無疆壽龍。小芽，十二水，十五宿火，正貢四十片，創添六十片。

玉葉長春。小芽，十二水，七宿火，正貢一百片。

瑞雲翔龍。小芽，十二水，九宿火，正貢一百八片。

長壽玉圭。小芽，十二水，九宿火，正貢二百片。

興國岩銙。（岩屬南州，頃遭兵火廢，今以北苑芽代之。）中芽，十二水，十宿火，正貢二百七十銙。

香口焙銙。中芽，十二水，十宿火，正貢五百銙。（繼壕按：《說郛》作「五十銙」。）

上品揀芽。小芽，十二水，十宿火，正貢一百片。

新收揀芽。中芽，十二水，十宿火，正貢六百片。

細色第五綱

太平嘉瑞。小芽，十二水，九宿火，正貢三百片。

龍苑報春。小芽，十二水，九宿火，正貢六百片，（繼壕按：《說郛》作「六十片」，蓋誤。）創添六十片。

南山應瑞。小芽，十二水，十五宿火，正貢六十片，創添六十片〔註5〕。

興國岩揀芽。中芽，十二水，十五宿火，正貢百五十片。

興國岩小龍。中芽，十二水不，十五宿火，正貢七百五十片。（繼壕按：《說郛》作「七百五片」，蓋誤。）

興國岩小鳳。中芽，十二水，十五宿火，正貢七百五十片。〔註6〕

先春二色

太平嘉瑞。（已見前）正貢三百片。

長壽玉圭。（已見前）正貢二百片。

續入額四色

御苑玉芽。（已見前）正貢一百片。

萬壽龍芽。（已見前）正貢一百片。

無比壽芽。（已見前）正貢一百片。

瑞雲翔龍。（已見前）正貢一百片。

粗色第一綱

正貢

不入腦子上品揀芽小龍一千二百片，（按：《建安志》云：「入腦茶，水須差多，研工勝則香味與茶相入。不入腦茶，水須差省，以其色不必白，但慾火候深，則茶味出耳。」）六水，十六宿火。入腦子小龍七百片，四水，十五宿火。

增添

不入腦子上品揀芽小龍一千二百片，入腦子小龍七百片。

建寧安府附發

小龍茶入百四十片。

〔註5〕他本為「銙」，此據喻政本為「片」。
〔註6〕此據涵芬樓本作「七百五十片」。

粗色第二綱

正貢

不入腦子上品揀芽小龍，六百四十片。入腦子小龍六百七十二片，入腦子小鳳一千三百四十四片，四水，十五宿火。入腦子大龍七百二十片，二水，十五宿火。入腦子大鳳七百二十片，二水，十五宿火。

增添

不入腦子上品揀芽小龍一千二百片，入腦子小鳳七百片。

建寧安府附發

大龍茶四百片，大鳳茶四百片。

粗色第三綱

正貢

不入腦子上品揀芽小龍六百四十片，入腦子小龍六百七十二片，入腦子小鳳六百七十二片，入腦子大龍一千八百片，入腦子大鳳一千八百片。

增添

不入腦子上品揀芽小龍一千二百片，入腦子小龍七百片。

建寧府附發

大龍茶八百片，大鳳茶八百片。

粗色第四綱

正貢

不入腦子上品揀芽小龍六百片，入腦子小龍三百三十六片，入腦子小鳳三百三十六片，入腦子大龍一千二百四十片，入腦子大鳳一千二百四十片。

建寧府附發

大龍茶四百片，大鳳茶四百片。

粗色第五綱

正貢

入腦子大龍一千三百六十八片，入腦子大鳳一千三百六十八片，京鋌改造大龍一千六百片。

建寧府附發

大龍茶八百片，大鳳茶八百片。

粗色第六綱

正貢

入腦子大龍一千三百六十片，入腦子大鳳一千三百六十片，京鋌改造大龍一千六百片。

建寧府附發

大龍茶八百片，大鳳茶八百片，京鋌改造大龍一千二百片。

粗色第七綱

正貢

入腦子大龍一千二百四十片，入腦子大鳳一千二百四十片，京鋌改造大龍二千三百一十二片。

建寧府附發

大龍茶二百四十片，大鳳茶二百四十片，京鋌改造大龍四百八十片。

細色五綱（按：《建安志》云：「細色五綱，凡四十三品，形式各異。其間貢新、試新、龍園勝雪、白茶、御苑玉芽，此五品中，水揀第一，生揀次之。」）

貢新為最上，開焙後十日入貢。龍園勝雪為最精，而建人有直四萬錢之語。夫茶之入貢，圈以箬葉，內以黃斗，盛以花箱，護以重篚，局以銀鑰。（按：《建安志》載，護以重篚下有扃以銀鑰，疑此脫去。）花箱內外，又有黃羅幕之，實謂什襲計珍矣。（繼壕按：周密《乾淳歲時記》：「仲春上旬，福建漕司進第一綱茶，名「北苑試新」。方寸小銙。進御止百銙，護以黃羅軟盝，藉以青箬，裹以黃羅夾復，臣封朱印，外用朱漆小匣，鍍金鎖，又以細竹絲織芨貯之，凡數重。此乃雀舌水芽所造，一銙之值四十萬，僅可供數甌之啜耳。或以一二賜外邸，則以生線分解，轉遺好事，以為奇玩。」）

粗色七綱（按：《建安志》云：「粗色七綱凡五品，大小龍鳳並揀芽悉入腦和膏為團，共四萬餅，即雨前茶，閩中地暖，穀雨前茶已老而味重。」）

揀芽以四十餅為角，小龍鳳以二十餅為角，大龍鳳以八餅為角。圈以箬葉，束以紅縷，包以紅楮，（繼壕按：《說郛》「楮」為「紙」。）緘以蒨綾。惟揀芽俱以黃焉。

開畬第十一

草木至夏益盛，故欲導生長之氣，以滲雨露之澤。每歲六月興工，虛其本，培其土，滋蔓之草，遏鬱之木，悉用除之，正所以導生長之氣，而滲雨露之澤也。此謂之開畬。（按：《建安志》云：「開畬，茶園惡草，每遇夏日最烈時，用眾鋤治，殺去草根，以糞茶根，名曰開畬。若私家開畬，即夏半、初秋各用工一次，故私園最茂，但地不及焙之勝耳。」）唯桐木得留焉。桐木之性與茶相宜，而又茶至冬則畏寒，桐木望秋而先落。茶至夏而畏日，桐木至春而漸茂，理亦然也。

外焙第十二

石門、乳吉、（繼壕按：《試茶錄》載丁氏舊錄之焙十四，有乳橘內焙、乳橘外焙。此作乳吉，疑誤。）香口，右三焙，常後北苑五七日興工。每日採茶蒸榨以過黃，悉送北苑並造。

後序

舍人熊公，博古洽聞，嘗於經史之暇，緝其先君所著《北苑貢茶錄》，鋟諸木以垂後。漕使侍講王公，得其書而悅之，將命摹勒，以廣其傳。汝礪白之公曰：「是書紀貢事之源委，與製作之更沿，固要且備矣。惟水數有贏縮，火候有淹亟，綱次有後先，品色有多寡，亦不可以或闕。」公曰：「然。」遂摭書肆所刊修貢錄曰幾水，曰火幾宿，曰某綱，曰某品，若干云者，條列之。又以其所採擇製造諸說，並麗於編末，目曰《北苑別錄》。俾開卷之頃，盡知其詳，亦不為無補。

淳熙丙午孟夏望日，門生從政郎、福建路轉運司主管帳司趙汝礪敬書。

45 岕茶箋

〔明〕馮可賓

題解

　　《岕茶箋》一卷，見馮可賓輯《廣百川學海》癸集第五種，臺北新興書局有限公司 1970 年明刊本影印本。馮可賓，字禎卿，山東益都人，生卒年不詳，明天啟壬戌（1622）進士，曾任湖州司理、給事，明亡入清後隱居不仕。《岕茶箋》共分序岕名、論採茶、論蒸茶、論焙茶、論藏茶、辨真贋、論烹點、品泉水、論茶具、茶宜、禁忌十一綱目。岕茶乃湖州名茶，清人楊復吉曾評價此岕茶佳作「雖篇幅無多，而言皆居要」。在今天讀來，此作清雋典雅，有明小品意蘊，並且對於茶的採製藏取、品飲器具、禁忌真贋等數語出神。而後，水泉上，錫山惠泉、武林虎跑泉、顧渚金沙泉、德清半月泉、長興光竹潭；茶壺上，窯器為上，錫次之，宜小，但又不拘而隨心隨意；心態上，無事佳客幽坐，吟詠揮翰徜徉，睡起宿醒清供，精舍會心賞鑒。此論典完全呈現出了閒散、隨心、無憂無慮而又無一法不合茶道的心髓。

序岕名第一〔註1〕

　　環長興境，產茶者曰白羅嶰、曰白岩、曰烏瞻、曰青東、曰顧渚、曰篠浦，不可指數，獨羅嶰最勝。環嶰境十里而遙，為嶰者亦不可指數。嶰而曰岕，兩山之介也。羅氏居之，在小秦王廟後，所以稱廟後羅岕也。洞山之岕，南面陽光，朝旭夕暉，雲滃霧浡，所以味迥別也。

〔註1〕綱目中原無序數，因《岕茶箋》實可視為一部較有系統性的茶論，故列序以突出之。

論採茶第二

雨前則精神未足，夏後則梗葉大粗。然茶以細嫩為妙，須當交夏時，看風日晴和，月露初收，親自監採入籃。如烈日之下，又防籃內鬱蒸，須傘蓋至舍，速傾淨匾薄攤，細揀枯枝病葉、蜩絲青牛之類，一一剔去，方為精潔也。

論蒸茶第三

蒸茶須看葉之老嫩，定蒸之遲速，以皮梗碎而色帶赤為度，若太熟則失鮮。其鍋內湯須頻換新水，蓋熟湯能奪茶味也。

論焙茶第四

茶焙每年一修，修時雜以濕土便有土氣。先將乾柴隔宿薰燒，令焙內外乾透，先用粗茶入焙。次日，然後以上品焙之。焙上之簾，又不可用新竹，恐惹竹氣。又須勻攤，不可厚薄如焙中。用炭有煙者，急剔去，又宜輕搖大扇，使火氣旋轉，竹簾上下更換，若火太烈恐糊焦氣，太緩色澤不佳，不易簾，又恐乾濕不勻。須要看到茶葉梗骨處俱已乾透，方可並作一簾或兩簾，置在焙中最高處，過一夜，仍將焙中炭，火留數莖於灰爐中，微烘之，至明早可收藏矣。

論藏茶第五

新淨磁罈，周回用乾箬葉密砌，將茶漸漸裝進搖實，不可用手揑。上覆乾箬數層，又以火炙乾炭鋪罈口紮固。又以火煉候冷新方磚壓壇口上。如潮濕，宜藏高樓，炎熱則置涼處。陰雨不宜開壇。近有以夾口錫器貯茶者，更燥更密。蓋磁罈猶有微罅透風，不如錫者堅固也。

辨真贗第六

茶雖均出於序岕名，有如蘭花香而味甘，過黴歷秋，開壇烹之，其香愈烈，味若新沃。以湯色尚白者，真洞山也。若他嶰，初時亦有香味，至秋，香氣索然，便覺與真品相去天壤。又一種有香而味澀者，又一種色淡黃而微香者，又一種色青而毫無香味者，又一種極細嫩而香濁味苦者，皆非道地〔註2〕。品茶者辨色聞香，更時察味，百不失一矣。

〔註2〕「道地」乃為「道境」之義，某些地方誤錄為「地道」，誤。

論烹茶第七

先以上品泉水滌烹器，務鮮務潔。次以熱水滌茶葉，水不可太滾，滾則一滌無餘味矣。以竹箸夾茶於滌器中，反覆滌蕩，去塵土、黃葉、老梗淨，以手搦乾，置滌器內蓋定，少刻開視，色青香烈，急取沸水瀉之。夏則先貯水而後入茶，冬則先貯茶而後入水。

品泉水第八

錫山惠泉、武林虎跑泉上矣。顧渚金沙泉、德清半月泉、長興光竹潭皆可。

論茶具第九

茶壺窯器為上，錫次之。茶杯汝、官、哥、定如未可多得，則適意者為佳耳。或問茶壺畢竟宜大宜小？茶壺以小為貴，每一客，壺一把，任其自斟自飲，方為得趣。何也？壺小則香不渙散，味不耽閣，況茶中香味，不先不後，只有一時。太早則未足，太遲則已過。的見得恰好，一瀉而盡。化而裁之，存乎其人，施於他茶亦無不可。

茶宜第十

無事，佳客，幽坐，吟詠，揮翰，倘佯，睡起，宿醒，清供，精舍，會心，賞鑒，文僮。

茶忌第十一

不如法，惡具，主客不韻，冠裳苛禮，葷肴雜陳，忙冗，壁間案頭多惡趣。〔註3〕

〔註3〕外境固然實有，但心能轉境，心能造境，切勿輕易便失於內外揀擇。茶道茶法，本身即為用以順世應心，升華性命，故應於諸次第中煉心、用心。

46 洞山岕茶系

〔明〕周高起

題解

　　《洞山岕茶系》一卷，錄於清代王晫、張潮編纂《檀几叢書》二集第五帙·林，上海古籍出版社 1992 年影印本，底本為康熙三十六年（1697）刊本。作者周高起。周高起（？～1654），字伯高，江陰（今屬江蘇人）。此處「洞山」，並非禪宗曹洞宗祖庭之江西宜豐洞山，而是浙江湖州岕茶產地之洞山。岕茶在茶史上地位極高，屢屢被當做貢茶的主要品類，然其製作工藝及其精緻複雜，今已不傳古時岕茶造法。當然，岕茶也有各種品相，周高起經過品嘗，將洞山域內岕茶分為六品，最絕一品為「貢茶」，他說貢茶即南嶽茶，乃天子所嘗，自己「不敢置品」。至於此作與禪茶的關係，歷來較為緊密。首先，湖州洞山區域，向來是禪家活動區域。其次，《洞山岕茶系》中多有山僧進陽羨茶、幽期山寺遠、稠錫禪師等名言。而後，周氏之品第，如「入湯，色柔白如玉露，味甘，芳香藏味中。空濛深永，啜之愈出，致在有無之外」，實已是禪茶品飲時的深度身心體驗。

前言

　　唐李棲筠守常州日，山僧進陽羨茶，陸羽品為「芬芳冠世，產可供上方」。遂置茶舍於罨畫溪，去湖（汶）一里所，歲供萬兩。許有谷〔註1〕詩云：「陸羽名荒舊茶舍。卻教陽羨置郵忙」是也。其山名茶山，亦曰貢山，東臨罨畫溪。

〔註1〕許有谷，明宜興許氏文人。

修貢時，山中湧出金沙泉，杜牧詩所謂「山實東南秀，茶稱瑞草魁，泉嫩黃金湧，芽香紫璧裁」者是也。山在均山鄉，縣東南三十五里。又茗山，在縣西南五十里永豐鄉。皇甫曾〔註2〕有《送陸羽南山採茶詩》：「千峰待逋客，香茗復叢生。採摘知深處，煙霞羨獨行。幽期山寺遠，野飯石泉清。寂寂燃燈夜，相思磬一聲。」見時貢茶在茗山矣。

又唐天寶中，稠錫禪師名清晏，卓錫南嶽，澗上泉忽迸石竇間，字曰真珠泉。師曰：「宜瀹吾鄉桐廬茶。」爰有白蛇銜種庵側之異。南嶽產茶，不絕修貢。迨今方春採茶，清明日，縣令躬享白蛇於卓錫泉亭，隆厥典也。後來檄取，山農苦之。故袁高有「陰嶺茶未吐，使者牒已頻」之句。郭三益題南嶽寺壁云：「古木陰森梵帝家，寒泉一勺試新茶。官符星火催春焙，卻使山僧怨白蛇。」盧仝《茶歌》亦云：「天子須嘗陽羨茶，百草不敢先開花。」又云：「安知百萬億蒼生，命墜顛崖受辛苦。」可見貢茶之苦，民亦自古然矣。至岕茶之尚於高流，雖近數十年中事。而厥產伊始，則自盧仝隱居洞山，種於陰嶺，遂有茗嶺之目。相傳古有漢王者，棲遲茗嶺之陽，課童藝茶。躓盧仝幽致，陽山所產，香味倍勝茗嶺。所以老廟後一帶，茶猶唐宋根株也。貢山茶今已絕種。

羅岕去宜興而南逾八九十里，浙直分界，只一山岡，岡南即長興山。兩峰相阻，介就夷曠者，人呼為岕。（履其地，始知古人製字有意，今字書岕字，但注云山名耳。）云有八十八處。前橫大澗，水泉清駛，漱潤茶根，沃山土之肥澤，故洞山為諸岕之最。自西汍溯張渚而入，取道茗嶺，甚險惡。（縣西南八十里）自東汍溯湖㳇而入，取道纏嶺，稍夷才通車騎。〔註3〕

第一品

老廟後，廟祀山之土神者，瑞草叢鬱，殆比茶星胦饗矣。地不二三畝，苕溪姚象先與婿朱奇生分有之。茶皆古本，每年產不廿斤，色淡黃不綠，葉筋淡白而厚，製成梗絕少。入湯，色柔白如玉露，味甘，芳香藏味中。空濛深永，啜之愈出，致在有無之外。

〔註2〕皇甫曾，祖籍安定，玄宗天寶間進士。
〔註3〕宜興有東九、西九，乃兩處水蕩。

第二品〔註4〕

新廟後、棋盤頂、紗帽頂、手巾條、姚八房，及吳江周氏地，產茶亦不能多。香幽色白，味冷雋，與老廟不甚別，啜之差覺其薄耳。總之，品岕至此，清如孤竹，和如柳下，並入聖矣。今人以色濃香烈為岕茶，真耳食而眯其似也。

第三品

廟後漲沙、大袞頭、姚洞、羅洞、王洞、范洞、白石。

第四品〔註5〕

下漲沙、梧桐洞、余洞、石場、丫頭岕、留青岕、黃龍、炭灶、龍池。

不入品

外山長潮、青口、省莊、顧渚、茅山岕。

貢茶

即南嶽茶也。天子所嘗，不敢置品。縣官修貢，期以清明日，入山肅祭，乃始開園採。製視松羅、虎丘，而色香豐美。自是天家清供，名曰片茶，初亦如岕茶製，萬曆丙辰，僧稠蔭遊松羅，乃仿製為片。

岕茶採焙，定以立夏後三日，陰雨又需之。世人妄云「雨前真岕」，抑亦未知茶事矣。茶園既開，入山賣草枝者，日不下二三百石，山民收製亂真。好事家躬往，予租採焙，幾視惟謹，多被潛易真茶去。人地相京，高價分買，家不能二三斤。近有採嫩葉，除尖蒂，抽細筋炒之，亦曰片茶；不去筋尖，炒而復焙，燥如葉狀，曰攤茶，並難多得。又有俟茶市將闌，採取剩葉製之者，名修山，香味足而色差老。若今四方所貨岕片，多是南嶽片子，署為騙茶可矣。茶賈炫人，率以長潮等茶，本岕亦不可得。

噫！安得起陸龜蒙於九京，與之賡茶人詩也。陸詩云：「天賦識靈草，自然鍾野姿。閒來北山下，似與東風期。雨後採芳去，雲間幽路危。惟應報春鳥，得共此人知。」茶人皆有市心，令予徒仰真茶已。故予煩悶時，每誦姚合《乞茶詩》一過：「嫩綠微黃碧潤春，採時聞道斷葷辛。不降錢買將詩乞，借問山翁有幾人。」

〔註4〕原有「皆洞頂茶也」數字。
〔註5〕原有「皆平洞本岕也」數字。

　　岕茶德全，策勳惟歸洗控。沸湯潑葉即起，洗鬲斂其出液，候湯可下指，即下洗鬲排蕩沙沫。復起，並指控乾，閉之茶藏候投。蓋他茶欲按時分投，惟岕既經洗控，神理綿綿，止須上投耳。（傾湯滿壺，後下葉子，曰上投，宜夏日；傾湯及半，下葉滿湯，曰中投，宜春秋：葉著壺底，以湯浮之，曰下投，宜冬日初春。）

47 虎丘茶經注補

〔清〕陳鑑

題解

　　《虎丘茶經注補》，清陳鑑撰，錄於清代王晫、張潮編纂《檀几叢書》初集第五帙·府目，上海古籍出版社 1992 年影印本，底本為康熙三十六年（1697）刊本。陳鑑（1594～1676），字子明，明末清初化州樂嶺村人，先被薦舉為貴州考官、南京兵部司務、松江府華亭知縣等；後因私藏反清義軍首領陳子龍被捕，八年始出獄，隱居於蘇州城郊著書立說。漫錄此論典，一為詳盡瞭解明清時虎丘茶；二是可看出陸羽《茶經》在中國茶文化中的重要影響力；三是所注補內容中頗有云禪師住虎丘種茶、虎丘山僧採茶、山寺茶名近更聞等禪茶內容，可作為禪茶研究的史料參考。此注補以《茶經》十品的體制來進行創作，說為「拈出」早已包含在《茶經》中的虎丘茶意。形式上別出心裁，然而其作得於《茶經》，卻也失於茶經，無法產生太多有別於《茶經》的立意和內涵。

　　陳子曰：「陸桑苧翁《茶經》漏虎丘，竊有疑焉。陸嘗隱虎丘者也，井焉、泉焉、品水焉，茶何漏？」曰：「非漏也，虎丘茶自在《經》中，無人拈出耳。」予乙未遷居虎丘，因注之，補之。其於《茶經》無以別也，仍以注補別之，而《經》之十品備焉。桑苧翁而在，當啞然一笑。

·之源

　　經：茶，樹如瓜蘆。（注：瓜蘆，苦襏也。廣州有之，葉與虎丘茶無異，但瓜蘆苦耳。）花如白薔薇。（注：虎丘茶，花開比白薔薇而小，茶子如小彈。）上者生爛石，中者生

礫壤。（注：虎丘茶園，在爛石礫壤之間。）野者上，園者次。（注：虎丘野而園。）宜陽崖陰林。（注：虎丘之西，正陽崖陰林。）紫者上，綠者次；筍者上，芽者次；葉卷上，葉舒次。（注：虎丘紫綠，筍芽卷舒皆上。）

　　補：鑒親採數嫩葉，與茶侶湯愚公小焙烹之，真作豆花香。昔之鬻虎丘茶者，盡天池也。

二之具

　　經：籯、籃、筥，以竹織之，茶人負以採茶。（注：虎丘山下竹佳籯小，僧人即茶人。）灶、釜、甑。（注：虎丘焙茶同。）杵臼、碓，規、模、棬、承、臺、砧、碾。（注：唐宋製茶屑同，今葉茶不用。）芘莉、蒡莨，以小竹，長三尺，軀二尺五寸，柄五寸，篾織方眼。四者大小不一，以別茶也。（注：虎丘同。）棚，一曰棧，以木構於焙上，編木兩層以焙。（注：虎丘同。）茶半乾，貯下層，全乾，升上層。（注：虎丘同。）串，一斤為上串，半斤為中串，四兩為小串。（注：串，一作穿，謂穿而掛之。虎丘同。）育，以木為之，以竹編，中有桶，上有覆，下有床，旁有門，中置一器，貯煨火，令熅熅然。江南梅雨時，燥之以炭火。（注：虎丘同。）

三之造

　　經：凡採茶，在二三四月間。茶之筍者，生爛石土，長四五寸，若薇蕨始抽，凌露採之。茶之芽，發於叢薄之上。有三枝、四枝、五枝者，選中枝穎拔佳。其日有雨不採，晴有雲氣不採。採之，蒸之，焙之，穿之，封之，茶其乾矣。（注：與虎丘採焙法同。但陸《經》有搗之拍之，今不用。）茶有千萬狀。如胡人靴者，蹙縮者；犎牛臆者，廉襜然；浮雲出山者，輪囷然；輕飆拂水者，涵澹然，此皆茶之精腴。有如竹籜者，其形籭簁然；有如霜荷者，厥狀委萃然，此皆茶之瘠老。自胡靴至於霜荷八等，出膏者光，含膏者皺；宿製則黑，日成則黃；蒸壓則平正，縱之則坳垤。（注：虎丘之品，真如胡靴至拂水製之，精粗存乎其人。）

　　補：黃儒《茶錄》：一戒採造過時，二戒白合盜葉，三戒入雜，四戒蒸不熟及過熟。（注：穀雨後謂之過時。茶芽有雨，小葉抱白，是為盜葉。雜以楊、柳、柿，是為入雜。）

四之水

　　經：泉水上，天雨次，井水下。（注：虎丘石泉，自唐而後，漸以填塞，不得為上。而憨憨之井水，反有名。）

補：劉伯芻《水記》：「陸鴻漸為李季卿品虎丘劍池石泉水，第三。張又新品劍池石泉水，第五。」《夷門廣牘》謂：「虎丘石泉，舊居第三，漸品第五。以石泉泓淳，皆雨澤之積，滲竇之潢也。況闔廬墓隧，當時石工多閟死，僧眾上樓，不能無穢濁滲入。雖名陸羽泉，非天然水，道家服食，禁屍氣也。」

鑒欲濬劍池之水，鑿小渠流入鶴澗，則泉得流而活矣。李習之謂「劍池之水不流為恨事」，然哉。

五之煮

經：山水乳泉，石泓漫流者，可以煮茶。（注：陸羽來吳時，劍池未塞，想其涓涓之流。今不堪煮。）湯之候，初曰蝦眼，次曰蟹眼，次曰魚眼。若松風鳴，漸至無聲。（注：蝦蟹魚眼，言內水沸之狀也，聲如松濤，漸緩，則火候到矣。過此則老。）勿用膏薪爆炭。（注：乾炭為宜，乾鬆筊尤妙。）

補：蘇廙傳：「湯者茶之司命，若名茶而濫觴（湯），則與凡荈無異。故煎有老嫩，注有緩急，無過不及，是為茶度。」陸平泉《茶寮記》：「茶用活火，候湯眼鱗鱗起，沫餑鼓泛，投茗器中，初入湯少許，使湯茗相投，即滿注，雲腳漸開，乳花浮面，則味全。蓋唐宋茶用團餅碾屑，味易出，今用葉茶，驟則味乏，過熟則昏渴沉滯矣。」

經：器用風爐、炭撾、鍑、火夾、紙袋、都籃、漉水囊、瓢、碗、滌巾。

補：錫瓶。宜興壺，粗泥細作為上。甌盞，哥窯，厚重為佳。瓶壺用草小薦，防焦漆幾。

六之飲

經：茶有九難，曰造，曰別，曰器，曰火，曰水，曰炙，曰末，曰煮，曰飲。陰採夜焙，非造也；嚼味嗅香，非別也；膻鼎腥甌，非器也；膏薪爆炭，非火也；飛灘壅潦，非水也；外熟內生，非炙也；碧粉縹塵，非末也；操艱攪遽，非煮也；夏興冬廢，非飲也。（注：今不用末，當改曰：紙包甕貯，非藏也。）

補：陸平泉《茶寮記》：「品茶非漫浪，要須其人與茶品相得。故其法獨傳於高流隱逸，有雲霞泉石、磊塊胸次者。」

陳眉公《秘籍》：「涼臺靜室，明窗淨几，僧寮道院，竹月松風，晏坐行吟，清談把卷，茶候也。翰卿墨客，緇流羽士，逸老散人，或軒冕而超軼世味者，茶侶也。」

高深甫《八箋》：「飲茶，一人獨啜為上，二人次之，三人又次之，四五六人，是名施茶。」

鑒謂：「飲茶如飲酒，其醉也非茶。」

七之出

經：浙西產茶，以湖州顧渚上，常州陽羨次，潤州傲山又次，蘇州洞庭山下。（注：不言蘇州虎丘，止言洞庭山，豈羽來時，虎丘未有名耶。）

補：《姑蘇志》：虎丘寺西產茶。（注：虎丘寺西，去劍池不遠，天生此茶，奇。且手掌之地，而名於四海，又奇。）

唐張籍《茶嶺詩》，有「自看家人摘，尋常觸露行」之句。朱安雅以為，今二山門西偏，本名茶嶺，今稱茶園。張文昌居近虎丘，故看家人摘茶。又可見唐時無官封茶地。

八之事

經：《吳志·韋曜傳》：「曜飲酒不過二升，皓初禮曜，常密賜茶荈以代酒。」又劉琨《與兄子南兗州刺史演書》：「吾體中憒悶，常仰吳茶，汝可置之。」

補：鑒按：《茶經》七之事多不備，如王褒《僮約》：武陽販茶；許慎《說文》：茗，茶芽也；張華《博物志》：飲真茶者少眠；沈懷遠《南越志》：茗，苦澀，謂之過羅。四事在唐以前，而羽失載。

羽同時常伯熊，臨淮人，御史大夫李季卿，次臨淮，知伯熊善煮茶，召之。伯熊執器而前，季卿再舉杯。至江南，聞羽名，亦召之，羽衣野服而人，季卿不為禮，羽因作《毀茶論》，為季卿也。

國初天台起雲禪師住虎丘，種茶。徐天全有齒謫回，每春末夏初，入虎丘開茶社。

吳匏庵為翰林時，假歸，與石田遊虎丘，採茶手煎對啜，自言有茶癖。

文衡山素性不喜楊梅，客食楊梅時，乃以虎丘茶陪之。羅光璽作《虎丘茶》記，嘲山僧有替身茶。

宋懋澄欲伐虎丘茶樹。鍾伯敬與徐元歎，有虎丘茶訊，謂兩人交情，數千里，以買茶為名，一年通一信，遂成故事。伯敬築室竟陵，云將老焉，遠遊無期，呼元歎賈餘力一往，元歎有答茶訊詩。醉翁曰：「茶樹一種入地，不可移，移即死，故男女以茶聘。朋友之交，亦然。」鍾徐茶訊，是之取耳。聞元歎有奠茶文。譚友夏《冬夜拜伯敬墓詩》云：「姑蘇徐逸士，香雨祭茶

時。」又有詩寄元歎云：「河上花繁多有淚，吳天茶老久無香。」正感二子之交情也。

九之撰

經：鮑令暉有《香茗賦》。

補：宋姑蘇女子沈清友，有《續鮑令暉香茗賦》。（注：見楊南峰手鏡。）鑒有《虎丘茶賦》。（注：見賦部。）

唐韋應物《喜武丘園中茶生》詩：「潔性不可污，為飲滌塵煩。此物信靈味，本自出仙源。聊因理郡余，率爾植山園。喜隨眾草長，得與幽人言。」

張籍《茶嶺詩》：「紫芽連白葉，初向嶺頭生。自看家人摘，尋常觸露行。」

陸龜蒙《煮茶》詩：「閒來松間坐，看煮松上雪。時於浪花生，並下藍英末。傾余精爽健，忽似氛埃滅。不合別觀書，但宜窺玉札。」

皮日休《和煮茶》詩：「香泉一合乳，煎作連珠沸。時看蟹眼濺，乍見魚鱗起。聲疑松帶雨，餑恐生煙翠。尚把瀝中山，必無千日醉。」

> 鑒按：皮陸茶詠各十首，俱詠顧渚，非詠虎丘也。但二公俱蹤跡虎丘，摘其一以存虎丘茶事。

國初王璲《贈天台起雲禪師住虎丘種茶》詩：「上人住孤峰，清閒有歲月。袖帶赤城霞，眉端凝古雪。種茶了一生，經綸人萌蘗。斯知一念深，於義亦超絕。」

羅光璽《觀虎丘山僧採茶作詩寄沈朗倩》云：「晚塔未出煙，曉光猶讓露。僧雛啟竹扉，語向驚茶寤。雲摘手知肥，衲裏香能度。老僧是茶佛，須臾畢茶務。空水澹高情，欲飲仍相顧。山鳥及閒啼，松花壓庭樹。」

陳鑑《補陸羽採茶詩並序》：「陸羽有泉井，在虎丘，其旁產茶，地僅畝許，而品冠乎羅岕松蘿之上。」暇日遊觀，憶羽當日必有茶詩，今無傳焉，因為補作云：「物奇必有偶，泉茗一齊生。蟹眼聞煎水，雀芽見鬥萌。石欄苔齒滑，竹院月魂清。後爾風流盡，松濤夜夜聲。」

鍾惺《虎丘品茶》詩：「水為茶之神，飲水意良足。但問品泉人，茶是水何物？」「飲罷意爽然，香色味焉往。不知初啜時，何從寄遐想？」「室香生爐中，爐寒香未已。當其離合間，可以得茶理。」

崔浩《坫茶寄文祠部》詩：「細摘春旗和月焙，晨興封裹寄束曹。秋清亦可助佳興，白舫青帘山月高。」

劉鳳《虎丘採茶曲》：「山寺茶名近更聞，採時珍重不盈斤。直輸華露傾仙掌，浮沫春瓷破白雲。」

陳鑑《虎丘試茶口號》：「蟹眼正翻魚眼連，拾燒松子一條煙。攜將第一虎丘品，來試慧山第二泉。」

吳士權《虎丘試茶詩》：「虎丘雪穎細如針，豆莢雲腴價倍金。後蔡前丁渾未識，空從此苑霧中尋。」「響停唧唧砌蟲餘，□□吹雲繞竹爐。泉是第三茶第一，仙芽傳裏未曾書。」

朱隗《虎丘採茶竹枝詞》：「鐘鳴僧出亂塵埃，知是監司官長來。攜得梨園高置酒，閶門留著夜深回。」「官封茶地雨泉開，皁隸衙官攪似雷。近日正堂偏體貼，監茶不遣掾曹來。」「茶園掌地產希奇，好事求真貴不辭。辨色噴香空賞鑒，哪知一樣是天池。」

十之圖

經：以素絹，或四幅，或六幅，分題寫之，陳諸座隅，則茶之源、之具、之造、之水、之煮、之飲、之出、之事、之撰，俱在圖中，目擊而存。

補：李龍眠有《虎丘採茶圖》，見題跋。沈石田為吳匏庵寫《虎丘對茶坐雨圖》，今在王仲和處。王仲山有《虎丘茗碗旗槍圖敘》。沈石天每寫虎丘圖，四面不同，春山秋樹，夏雲冬雪，種種奇絕。鑒茲補陸不圖而圖，庶不沒虎丘茶事。

48 岕茶匯抄

〔清〕冒襄

題解

　　《岕茶匯抄》一卷，錄於清張潮輯《昭代叢書》第五帙·書目，康熙丁丑（1697）刊本。或可查閱楊復古等編纂上海古籍出版社 1990 年出版的《昭代叢書》（全 4 卷本）。作者冒襄（1611～1693 年），字闢疆，號巢民、樸庵、樸巢，江蘇如臯人，有《樸巢詩文集》《先世前徵錄》《影梅庵憶語》等作品傳世。《岕茶匯抄》屬於對歷代岕茶材料之編輯，其內容來源多為許次紓《茶疏》、馮可賓《岕茶箋》、熊明遇《羅岕茶記》。冒襄是典型的明朝「漢家遺民」，明亡之後，此類遺民多堅守前朝正統或漢民心態，不復入仕清廷，而代之以隱居田園或寄情山水。《岕茶匯抄》的風格與內容極能代表這一群體精神、境遇，最見其人其心。輯錄此作，主要用意之一便是藉以探究明清之際國人文化認同、民族心理或含藏識之信息構成乃至運作，審視個體與社會的矛盾點、個體與自然的融合處。實際上，這一領域，一直是禪茶文化的核心價值指向。

小引

　　茶之為類不一，岕茶為最。岕之為類亦不一，廟後為佳。其採擷之宜，烹啜之政，巢民已詳之矣，予復何言。然有所不可解者，不在今之茶，而在古之茶也。古人屑茶為末，蒸而範之成餅，已失其本來之味矣。至其烹也，又復點之以鹽，亦何鄙俗乃爾耶。夫茶之妙在香，苟製而為餅，其香定不復存。茶妙在淡，點之以鹽，是且與淡相反。吾不知玉川之所歌、鴻漸之所嗜，其妙果安在也！善茗飲者，每度卒不過三四甌，徐徐啜之，始盡其妙。玉川子於俄

頃之間，頓傾七碗，此其鯨吞虹吸之狀，與壯夫飲酒，夫復何殊！陸氏《茶經》所載，與今人異者，不一而足。使陸羽當時茶已如今世之製，吾知其沉酣於此中者，當更加十百於前矣。昔人謂飲茶為水厄，元魏人至以為恥，甚且謂不堪與酪作奴，苟得羅介飲之，有不自悔其言之謬耶？吾香三天子都，有抹山茶。茶生石間，非人力所能培植。味淡香清，採之甚難，不可多得。惜巢民已歿，不能與之共賞也。心齋張潮撰。

正文

環長興境，產茶者曰羅嶰，曰白岩，曰烏瞻，曰青東，曰顧渚，曰筱浦，不可指數，獨羅嶰最勝。環嶰境十里而遙，為嶰者亦不可指數。嶰而曰岕，兩山之介也。羅氏居之，在小秦王廟後，所以稱廟後羅岕也。洞山之岕，南面陽光，朝旭夕暉，雲瀚霧浡，所以味迴別也。

產茶處，山之夕陽勝於朝陽。廟後山西向，故稱佳。總不如洞山南向，受陽氣特專，稱仙品。

茶產平地，受土氣多，故其質濁。岕茗產於高山，渾是風露清虛之氣，故為可尚。

茶以初出雨前者佳，惟羅岕立夏開園，吳中所貴，梗粗葉厚，有蕭箬之氣。還是夏前六七日，如雀舌者佳，最不易得。

江南之茶，唐人首稱陽羨，宋人最重建州，於今貢茶兩地獨多。陽羨僅有其名，建州亦非最上，惟有武夷雨前最勝。近日所尚者，惟長興之羅岕，疑即古之顧渚紫筍也。介於山中謂之岕，羅隱隱此故名羅。然岕故有數處，今惟洞山最佳。姚伯道云：明月之峽，厥有佳茗，是上乘品。要之，採之以時，製之盡法，無不佳者。其韻致清遠，滋味甘香，清肺除煩，足稱仙品。若在顧渚，亦有佳者，人但以水口茶名之，全與岕別矣。

岕中之人，非夏前不摘。初試摘者，謂之開園。採自正夏，謂之春茶。其地稍寒，故須待時，此又不當以太遲病之。往日無有秋摘，近七八月重摘一番，謂之早春，其品甚佳，不嫌稍薄也。

岕茶不炒，甑中蒸熟，然後烘焙。緣其摘遲，枝葉微老，炒不能軟，徒枯碎耳。亦有一種細炒岕，乃他山炒焙，以欺好奇。岕中惜茶，決不忍嫩採，以傷樹本。余意他山摘茶，亦當如岕，遲摘老蒸，似無不可。但未試嘗，不敢漫作。

　　岕茶，雨前精神未足，夏後則梗葉太粗。然以細嫩為妙，須當交夏時。時看風日晴和，月露初收，親自監採入籃。如烈日之下，又防籃內鬱蒸，須傘蓋至舍，速傾淨匾薄攤，細揀枯枝病葉、蛸絲青牛之類，一一剔去，方為精潔也。

　　蒸茶，須看葉之老嫩，定蒸之遲速，以皮梗碎而色帶赤為度，若太熟則失鮮。起其鍋內湯頻換新水，蓋熟湯能奪茶味也。

　　茶雖均出於岕，有如蘭花香而味甘，過黴歷秋，開罈烹之，其香愈烈，味若新沃，以湯色尚白者，其洞山也。他嶰初時亦香，秋則索然，與真品相去霄壤。又有香而味澀，色淡黃而微香者，有色青而毫無香味，極細嫩而香濁味苦者，皆非道地。品茶者辨色聞香，更時察味，百不失矣。

　　茶色貴白，白亦不難。泉清瓶潔，葉少水洗，旋烹旋啜，其色自白。然真味抑鬱，徒為目食耳。

　　若取青綠，天池、松蘿及下岕，雖冬月，色亦如苔衣，何足稱妙。莫若真洞山，自穀雨後五日者，以湯薄瀹，貯壺良久，其色如玉，冬猶嫩綠，味甘色淡，韻清氣醇。如虎丘茶，作嬰兒肉香，而芝芬浮蕩，則虎丘所無也。

　　烹時先以上品泉水滌烹器，務鮮務潔。次以熱水滌茶葉，水太滾，恐一滌味損。以竹箸夾茶於滌器中，反覆滌蕩，去塵土、黃葉、老梗盡，以手搦乾，置滌器內蓋定，少刻開視，色青香洌，急取沸水潑之。夏先貯水入茶，冬先貯茶入水。

　　茶花味濁無香，香凝葉內。

　　洞山茶之下者，香清葉嫩，著水香消。

　　棋盤頂、烏紗頂、雄鵝頭、茗嶺，皆產茶地，諸地有老柯嫩柯，惟老廟後無二，梗葉叢密，香不外散，稱為上品也。

　　茶壺以小為貴，每一客一壺，任獨斟飲，方得茶趣。何也？壺小香不渙散，味不耽遲。況茶中香味，不先不後，恰有一時，太早未足，稍緩已過。個中之秒，清心自飲，化而裁之，存乎其人。

　　憶四十七年前，有吳人柯姓者，熟於陽羨茶山，每桐初露白之際，為余入岕，箬籠攜來十餘種，其最精妙不過斤許數兩，味老香深，具芝蘭金石之性，十五年以為恒。後宛姬〔註1〕從吳門歸余，則岕片必需半塘顧子兼，黃熟

────────────

〔註1〕董小宛。

香必金平叔，茶香雙妙，更入精微。然顧、金茶香之供，每歲必先虞山柳夫人〔註2〕，吾邑隴西之蒨姬與余共宛姬，而後他及。

金沙於象明攜岕茶來，絕妙。金沙之於精鑒賞，甲於江南。而岕山之棋盤頂，久歸於家，每歲其尊人必躬往採製。今夏攜來廟後、棋頂、漲沙、本山諸種，各有差等，然道地之極，真極妙，二十年所無。又辨水候火，與手自洗，烹之細潔，使茶之色香性情，從文人之奇嗜異好，一一淋漓而出。誠如丹丘羽人所謂飲茶生羽翼者，真衰年稱心樂事也。

又有吳門七十四老人朱汝奎，攜茶過訪，茶與象明頗同，多花香一種。汝圭之嗜茶自幼，如世人之結齋於胎，年十四入岕，迄今春夏不渝者百二十番，奪食色以好之。有子孫為名諸生，老不受其養，謂不嗜茶，為不似阿翁。每竦骨入山，臥遊虎咆，負籠入肆，嘯傲甌香，晨夕滌瓷洗葉，啜弄無休，指爪齒頰與語言激揚，讚頌之津津，恒有喜神妙氣，與茶相長養，真奇癖也。

跋

吾鄉既富茗柯，復饒泉水，以泉烹茶，其味尤勝，計可與羅岕敵者，唯松蘿耳。予曾以詩寄巢民云：「君為羅岕傳神，我代松蘿叫屈；同此一樣清芬，忍令獨向隅曲。」迄今思之，殊深我以黃公酒壚之感也。心齋居士題。

〔註 2〕柳如是，時為錢謙益妾。

49 龍井訪茶記

〔清～民國〕程淯

題解

　　《龍井訪茶記》由程淯撰於宣統三年（1911）前後，向無單獨刊行本，目前主要見於阮毅成散文集《三句不離本杭》，臺北正中書局 1974 年版、杭州出版社 2001 年版，以及朱自振、沈冬梅、增勤《中國古代茶書集成》，上海文化出版社 2010 年版。此處則錄自於浙江圖書館所藏中正書局版《三句不離本杭》。程淯（1870～1940），字白葭，號葭深居士，江蘇常州人。其人曾積極支持清末戊戌變法，提倡新政，後寓居西湖「秋心樓」，抗戰期間病逝於上海。輯錄此作，原因如下：其一，此書純乎玩味，撰成之後，數家出版人曾向程淯索求刊出，程淯不允，故此文在作者去世多年後才廣為人知。其二，文中有僧有寺有茶，龍井向來是僧家流連之地，禪茶也較為普遍，茶是大宗，禪是大宗，龍井極早便與禪茶關聯。其三，文雖短小，但較為全面精到地描摹了龍井的土性、栽植、培養、採製、烹淪、收藏等。這些環節，僧家龍井向來極為注重。其四，此作屬於中國封建時代向現代社會過渡之間的產物，體現了中國茶道在傳統與現代之際的某些傳承與演變，對當代禪茶的建構有其獨特借鑒作用。

前言

　　龍井以茶名天下，在杭州曰本山。言本地之山，產此佳品，旌之也。然真者極難得，無論市中所稱本山，非出自龍井。即至龍井寺，烹自龍井僧，亦未必果為龍井所產之茶也。蓋龍井地既隘，山巒重疊，宜茶地更不多。溯最初得名之地，實維獅子峰，距龍井三里之遙，所謂老龍井是也。高皇帝南巡，

啜其茗而甘之，上蒙天問，則王氏方圜裏十八株，荷褒封焉。李敏達《西湖志》稱：在胡公廟前，地不滿一畝，歲產茶不及一斤，以貢上方。斯乃龍井之冢嫡，厥為無上之品。山僧言：是葉之尖，兩面微缺，宛然如意頭。葉厚味永，而色不濃。佳水瀹之，淡若無色。而入口香冽，回味極甘。其近獅子峰所產者，遜胡公廟矣，然已非他處可及。今所標龍井茶，即環此三五里山中茶也。辛亥清明後七日，余遊龍井之山。時新茶初茁，綻展一旗，爰錄採焙之方，並栽擇培溉之略。世有盧陸之嗜，宜觀斯記。

土性第一

沙礫也、壤土也，於茶地非上之上也。龍井之山，為青石，水質略鹹，含城頗重。沙壤相雜，而沙三之一而強。其色鼠褐，產茶最良。迤東迤南，土赤如血，泉雖甘而茶味轉劣。故龍井佳茗，意不能越此方里以外，地限之也。

栽植第二

隔冬採收茶子，貯地窖或壁衣中，無令枯燥蟲蛀。入春，鋤山地，取向陽坦、不漬水陸坡，則累石障之。鋤深及尺，去其粗礫。旬日後，土略平實，檢肥碩之茶子，點播其中，科之，相去約四五尺。略施灰肥，春夏鋤草。於地之隙，可藝果蔬。苗以茁矣，無須移植。第四年春，方可摘葉。

培養第三

三四年成樹，地佳者無待施肥。磽瘠者，略施豆餅汽堆肥，以壅其根。防草之荒，歲一二鋤，旱則溉之。

採摘第四

大概清明至穀雨，為頭茶。穀雨後，為二茶。立夏小滿後，則為大葉顆，以製紅茶矣。世所稱明前者，實則清明後採。〔註1〕雨前，則穀雨後採。校其名實，宜云明後、雨後也。採茶概用女工，頭茶選擇，極費工。每人一日，僅得鮮葉四斤上下，採工一兩六文。

焙製第五

葉既摘，當日即焙，俗曰炒，越宿色即變。炒用尋常鐵鍋，對徑約一尺

〔註1〕明前明後不是一個固定時間，茶是活的，天時是變化的。

八寸，灶稱之。火用松毛，山茅草次之，它柴皆非宜。火力毋過猛，猛則茶色變赭。毋過弱，弱又色黯。炒者坐灶旁以手入鍋，徐徐拌之。每拌以手按葉，上至鍋口，轉掌承之，揚掌抖之，令松。葉從五指間紛然下鍋，復按而承以上。如是展轉，無瞬息停。每鍋僅炒鮮葉四五兩，費時三十分鐘。每四兩，炒乾茶一兩。竭終夜之力，一人看火，一人拌炒，僅能製茶七八兩耳。

烹瀹第六

烹宜沙瓶，火宜木炭，宜火酒，瀹宜小瓷壺。所容如蓋碗者，需茶二錢。少則淡，多則滯。水開成大花乳者，宜取四涼杯挹注之。殺其沸性，乃入壺。假令沸水入壺，急揭蓋以宣之。如經四涼杯者，水度乃合。

香味第七

茶秉荷氣，惟浙江、安徽為然，而龍井為最。飲可五瀹，瀹則盡斟之，勿留瀝焉。一瀹則花葉莖氣俱足；再瀹則葉氣盡，花氣微，莖與蓮心之味重矣；三則蓮心與蓮肉之味矣；後則僅蓮肉之味。啜宜靜，斟宜小盅。

收藏第八

茶既焙，必貯甕或匣中。取出窯之塊灰，碎擊平鋪。上藉厚紙，疊茶包於上，要以不洩氣為主。

產額第九

龍井歲產上品茶，如明前雨前者，千餘斤耳。並粗葉紅葉計之，歲額亦止五千斤上下。而名遍全國，遠逮歐美，則賴龍井鄰近之茶附益之。蓋自十八澗至理安，達江頭。自翁家山，滿覺隴，茶樹彌望，皆名龍井。北貫十里松，至棲霞，亦名龍井，然味猶勝他處。杭城所售者，則筧橋各地之產矣。

特色第十

龍井茶之色香味，人力不能仿造，乃出天然，特色一。地處湖山之勝，又近省會，無非常之旱潦，特色二。名既遠播，價遂有增而無減，視他地之產，其利五倍，特色三。惟其然也，山巔石隙，悉植茶矣。乃荒山彌望，僅三三五五，偃仰於路隅，無集千百株為一地者。物以罕而見珍，理豈宜然。〔註2〕

〔註2〕所謂特色，經常是地域性、品類性的，禪茶之道，最忌厚此薄彼，執於好惡。

50 滇茶禪味

〔今〕編者新輯

題解

　　《滇茶禪味》為編者從各種滇茶文獻中摘編輯錄。雲南屬於「禪」「茶」兩種文化的特殊交匯地。就目前而言，有關雲南茶文化尤其是普洱茶的史料輯考多不勝數，但對專題的「雲南禪茶史料」卻少人觸及。主要原因是其極為零散，難以搜集。禪茶實際上是雲南茶文化不可忽視的重要組成部分，而今社會上「雲南禪茶」也頗具規模，對其進行專題史料輯考，既可作為學界研究的參考文獻，亦可推促雲南禪茶從目前的多限於品飲進而提升理論蘊涵，更可為茶文化產業提供一個新的價值增長點。此錄僅為編者近年所搜集禪茶史料的一部分，此處略按滇茶品類、普洱茶、感通茶、雞足山茶、太華茶、太平茶、雪茶、寶洪茶、雀舌茶、古井山泉進行呈現。上述幾類，目前多處在禪文化圈中，均與禪文化結合得極為緊密。

滇茶品類〔註1〕第一

　　滇中茶葉，氣味甘苦，性微寒。主治下氣消食，去痰除熱，解煩渴，並解大頭瘟、天行時症。此茶之巨功，人每以其近而忽之。（明·蘭茂《滇南本草》卷三。）

　　滇苦無茗，非其地不產也，土人不得採取製造之方，即成而不知烹瀹之節，猶無茗也。（明·謝肇淛《滇略》卷三《產略》。）

〔註1〕「品類」乃總言滇茶品相、特徵、功能等，此處借由滇茶之「養生」「茶性」
　　　　等意蘊而引申入禪茶範疇。

滇茶有數種。盛行者曰木邦〔註2〕，曰普洱。木邦野粗味澀，亦作團，冒普茗名，以愚外販。因其地相近也，而味自劣。普茶珍品，則有毛尖、芽茶、女兒之號。毛尖即雨前所採者，不作團，味淡香如荷，新色嫩綠可愛。芽茶較毛尖稍壯，採治成團，以二兩、四兩為率，滇人重之。女兒茶亦芽茶之類，取於穀雨後，以一斤至十斤為一團。皆夷女採治，貨銀以積為奩資，故名。制撫例用三者充歲貢，其餘粗普葉皆散賣滇中。最粗者熬膏成餅，摹印，備饋遺。而歲貢中亦有女兒茶膏，並進蕊珠茶。茶為祿豐山產，形如甘露子，差小，非葉，特茶樹之萌苗耳，可卻熱疾。又茶產順寧府玉皇廟內，一旗一槍，色瑩碧，不殊杭之龍井，惟香過烈，轉覺不適口，性又極寒，味近苦，無龍井中和之氣矣。若迤西之浪穹、劍川、麗江諸邊地，則採槐柳之寄生以代茶，然惟迤西人甘之。（清·張泓《滇南新語》，一卷，國家圖書館藏「藝海珠塵」刻本。）

茶，向本植，鮮屬茶者，惟邵甸之甸尾村，昔有寺僧種茶數十株，後僧圓寂，其徒不能繼其業，今僅存十餘株。方春時，村人採取烹食，味頗佳，倘能擴而充之，兼得焙製之法，不難媲美景谷。（民國·陳詒孫、楊思誠《嵩明縣志》卷十六。）

茶，味淡而微香。（清·道光《雲南通志稿》卷六十九《食貨志·物產·順寧府》。）

普洱茶〔註3〕第二

滇南古佛國，草木有佛氣。就中普洱茶，森冷可愛畏。邇來人世多塵心，瘦權病可空苦吟。乞君分惠茶數餅，活火煎之簷葡林。飲之縱未作詩佛，定應一洗世俗箏琵音。不然不立文字亦一樂，千秋自撫無弦琴。海山自高海水深，與君彈指一話去來今。（清·丘逢甲《長句與晴皋索普洱茶》，《丘逢甲集》卷十。）

普洱茶名遍天下，味最釅，京師尤重之。福來滇，稽之《雲南通志》，亦未得其詳，但雲產攸樂、革登、倚邦、莽枝、蠻磚、慢撒六茶山，而倚邦、

〔註2〕木邦，元明時屬中國，今屬緬甸。此處所謂木邦茶，約中緬邊境的傣文化圈所產。

〔註3〕普洱茶以當時的茶葉集散地普洱為名，來源包含雲南省內的各山各地。廣義上的普洱茶，今其範疇已逐漸包含大多數雲南茶乃至邊境茶。此處擷取其禪茶涵義原因有二：其一，普洱周邊南傳佛教文化流傳較廣，南傳佛教、禪文化內質多相通，最初的猛海茶廠即名為「佛海茶廠」；其二，雲南禪茶文化的建構大量以此類普洱茶為基本元素，且不乏以禪文化入普洱者。

蠻磚者味最勝。福考普洱府古為西南夷極邊地，歷代未經內附。檀萃《滇海虞衡志》云：「嘗疑普洱茶不知顯自何時。」宋范成大言：「南渡後，於桂林之靜江以茶易西藩之馬，是謂滇南無茶也。」李石《續博物志》稱：「茶出銀生諸山，採無時，雜椒薑烹而飲之。」普洱古屬銀生府，西蕃之用普茶，已自唐時，宋人不知，尤於桂林以茶易馬，宜滇馬之不出也。李石亦南宋人。本朝順治十六年平雲南，那酋歸附，旋判伏誅，遍歷元江通判。以所屬普洱等處六大茶山，納地設普洱府，並設分防。思茅同知駐思茅，思茅離府治一百二十里。所謂普洱茶者，非普洱府界內所產，蓋產於府屬之思茅廳界也。廳素有茶山六處，曰倚邦，曰架布，曰嶍崆，曰蠻磚，曰革登，曰易武，與《通志》所載之名互異。福又撿貢茶案冊，知每年進貢之茶，立於布政司庫銅息項下，動支銀一千兩，由思茅廳領去轉發採辦，並置辦收茶錫瓶緞匣木箱等費。其茶在思茅。本地收取新茶時，須以三四斤鮮茶，方能折成一斤乾茶。每年備貢者，五斤重團茶，三斤重團茶，一斤重團茶，四兩重團茶，一兩五錢重團茶，又瓶裝芽茶，蕊茶，匣盛茶膏，共八色，思茅同知領銀承辦。《思茅志稿》云：其治革登山有茶王樹，較眾茶樹高大，土人當採茶時，先具醴禮祭於此，又云茶產六山，氣味隨土性而異，生於赤土或土中雜石者最佳，消食散寒解毒。於二月間採蕊極細而白，謂之毛尖，已作貢，貢後方許民間販賣。採而蒸之，揉為團餅。其葉之少放而猶嫩者，名芽茶；採於三四月者，名小滿茶；採於六七月者，名穀花茶；大而圓者，名緊團茶；小而圓者，名女兒茶。女兒茶為婦女所採，於雨前得之，即四兩重團茶也。其入商販之手，而外細內粗者，名改造茶。將揉時預擇其內之勁黃而不卷者，名金玉天。其固結而不改者，名疙瘩茶。味極厚難得，種茶之家，芟鋤備至，旁生草木，則味劣難售，或於他物同器，則染其氣而不堪飲亦。（清‧阮福：《普洱茶記》。）〔註4〕

　　普洱茶，亦滇產之大宗也，元江、思茅、他郎皆有茶山。茶味濃厚，過於建茶，能去油膩、消食，惟山口有高下優劣之分，名目各異。初皆散茶，揀後，用布袋揉成數兩一餅，或團如月形，或方塊，蒸黏壓緊，以筍籜裹之，其

〔註4〕《茶經》錄13省42州茗茶，卻遺漏雲南銀生普洱茶，主要原因是陸羽未親到，且當時普洱尚無聲名。目前來看，傳統「月團」製法多已不傳，普洱茶或許是目前唯一繼承唐代「團茶」製法的茶類。只不過唐宋製茶，多碾碎為末，再而成餅。而今普洱團茶，多是整葉緊壓。

最佳者，製如饅頭，形色味皆勝，所出無多，價亦數倍，多為外人購去，即在滇省，殊不易得。（清·賀宗章《幻影談》卷下，雲南史料叢刊油印本。）

其治革登山有茶王樹，較眾茶樹高大，土人當採茶時，先具體禮祭於此，又云茶產六山，氣味隨土性而異，生於赤土或土中雜石者最佳，消食散寒解毒。於二月間採蕊極細而白，謂之毛尖，已作貢，貢後方許民間販賣。採而蒸之，揉為團餅。其葉之少放而猶嫩者，名芽茶；採於三四月者，名小滿茶；採於六七月者，名穀花茶；大而圓者，名緊團茶；小而圓者，名女兒茶。女兒茶為婦女所採，於雨前得之，即四兩重團茶也。其入商販之手，而外細內粗者，名改造茶。將揉時預擇其內之勁黃而不卷者，名金玉天。其固結而不改者，名疙瘩茶。味極厚難得，種茶之家，芟鋤備至，旁生草木，則味劣難售，或於他物同器，則染其氣而不堪飲亦。（清·阮福《普洱茶記》，道光《雲南通志稿》卷七十《食貨志·物產·普洱府》。）

茶出銀生城界〔註5〕諸山，散收無採造法。蒙捨蠻以椒薑桂和烹而飲之。（唐·樊綽《蠻書》卷七《雲南管內物志》。）

普茶，名重於天下，出普洱所屬六茶山：一曰攸樂，二曰革登，三曰倚邦，四曰莽枝，五曰蠻嵩，六曰慢撒，周八百里。入山作茶者，數十萬人。茶客收買，運於各處。普茶不知顯於何時，宋自南渡後，於桂林之靜江軍以茶易西番之馬，是謂滇南無茶也。頃檢李石《續博物志》云：茶出銀生諸山，採無時，雜椒薑烹而飲之。普洱古屬銀生府，則西番之用普茶，已自唐時。宋人不知，猶於桂林以茶易馬，宜滇馬之不出也。李石志記滇中事頗多，足補史缺，雲茶山有茶王樹，較五茶山獨大，本武侯遺種，至今夷民祀之。倚邦、蠻嵩，茶味較勝。（清·檀萃《滇海虞衡志》卷十一《志草木》。）

團茶，產於普洱府屬之思茅地方。茶山極廣，夷人管業，採摘烘焙，製成團餅，販賣客商，官為收課。每年土貢，有團有膏，思茅同知承辦，團餅大小不一。總以堅重者為細品，輕鬆者葉粗味薄。其茶能消食理氣，去積滯，散風寒，最為有益之物。煎熬飲之，味積浪厚，較他茶為獨勝。（清·吳大勳《滇南聞見錄》卷下。）

〔註5〕「銀生」為南詔國所設節度之一，主城約在今普洱市景東縣。所謂「銀生城界諸山」，主要指當時銀生郡轄區內的哀牢、無量二山系，當時尚無「普洱」（普洱府為清雍正年間設）之名，但二山系皆包含於後來普洱茶之產區。

感通茶〔註6〕第三

感通茶，出太和感通寺。（明‧嘉靖《雲南通志》卷十二《物產‧大理府》。）

感通寺在大理府城西，產茶。曉望蒼山，白雲如帶，橫束山腰，土人呼為玉帶云。〔註7〕（清‧吳應枚《滇南雜記》，一卷，國家圖書館藏油印本。）

感通寺在點蒼山聖應峰麓，舊名蕩山，又名上山，有三十六院，皆產茶，樹高一丈，性味不減陽羨，名曰感通茶。（清‧汪灝等《御定佩文齋廣群芳譜》卷十八《茶譜》。）

古茶五株，高出梭欏之上，中一株茶品甚佳，白色，類六安毛尖也。〔註8〕（清‧黃元治《蕩山志略》卷上，國家圖書館藏抄本。）

感通寺山崗產茶，甘芳纖白，為滇茶第一。（明‧黃履道輯，清‧佚名增補《茶苑》卷八。）〔註9〕

感通寺茶不下天池（江蘇）伏龍（紹興），特此中人不善焙製爾。（明‧馮時可《滇行紀略》，一卷，《古今遊記叢鈔》第2冊。）

感通茶，感通寺出，味勝他處產者。（《明一統志》卷八十六《大理府》。）

點蒼感通寺之產過之〔註10〕，值也不廉。（明‧謝肇淛《滇略》卷三《產略》。）

茶，舊《雲南通志》：出太和感通寺。《大理府志》：感通三塔皆有，但性劣不及普茶。《徐霞客遊記》：感通寺茶樹，皆高三四尺，絕與桂相似，味頗佳，炒二復曝，不免黝黑。（清‧道光《雲南通志稿》卷六十九《食貨志‧物產‧大理府》。）

茶，點蒼，樹高二丈，性味不減陽羨，藏之年久，味愈勝也。（明‧李元陽《嘉靖大理府志》卷二‧物產。）

點蒼山末有蕩山，蕩山之中曰感通寺，寺旁有泉清冽可飲。泉之旁樹茶，計其初植時不下百年之物。自有此山即有此泉，有此泉即有此茶。採茶汲泉

〔註6〕大理蒼山半腰有感通寺，歷代興盛。感通茶名最先源於寺中數株古茶樹，後亦包含周邊乃至蒼山所種者，今感通寺內尚存兩株數百年古茶樹。一直以來，感通禪茶頗受僧俗青睞、吟詠。

〔註7〕吳應枚又有《滇南雜詠》詩云：「宛轉紅牆綠樹縈，感通佳處試茶鐺。望中洱海開奩影，照出山腰玉帶橫。」（見民國‧張培爵、周宗麟纂修《大理縣志稿》卷三十一‧藝文。）

〔註8〕此條本記錄華藏山（為蒼山之小山脈）閣樓中古茶樹，與感通寺為鄰，屬感通茶範域。

〔註9〕清代余懷《茶史補》劉謙吉序中曾提到其所撰《茶苑》一稿被竊，關於《茶苑》輯者為誰，頗有爭論。

〔註10〕原文指「過於泰（太）華茶」。

烹啜之數百年矣，而茶法卒未諳焉。相傳茶水並煎，水熟則渾，而茶味已失。遂與眾友，躬諸泉所，並囑印光取水，發火，拈茶，如法烹飪而飲之。水之清冽，雖熱不解其初，而茶之氣味則馥馥襲人，有雋永之餘趣矣。〔註11〕（明·劉維《感通寺寒泉亭記》。）

十三日，與何君同赴齋別房，因遍探諸院。時山鵑花盛開，各院無不燦然。中庭院外，喬松修竹，間以茶樹。樹皆高三四丈，絕與桂相似，時方採摘，無不架梯升樹者。茶味頗佳，炒而復曝，不免黝黑。已入正殿，出門亦宏敞。殿前有石亭，中立我太祖高皇帝〔註12〕賜僧無極《歸雲南詩》十八章，前後有御跋。此僧自云南入朝，以白馬、茶樹獻，高皇帝臨軒見之，而馬嘶花開，遂蒙厚眷。後從大江還故土，帝親灑天葩，以江行所過，各賦一詩送之，又令諸翰林大臣皆作詩送歸。今宸翰已不存，而詩碑猶當時所鐫者。李中溪《大理郡志》〔註13〕以奎章〔註14〕不可與文獻同輯，竟不之錄。然其文獻門中，亦有御製文，何獨詩而不可同輯耶？殿東向，大雲堂在其北。僧為瀹茗設齋。（明·徐弘祖《徐霞客遊記·滇遊日記八》。）

好茶如酒亦神仙，名姓須將杜老傳。譜入飲中為第九，縱雖不醉也飄然。〔註15〕（明·擔當《贈茶仙》，《橛庵草》卷七。）

竹房瀟灑白雲邊，僧話留連茗重煎。海上久思惟有夢，山中長住不知年。一聲墮月猿啼樹，幾滴清心雨落泉。知是幻軀終有滅，卻將篇翰許人傳。（明·劉謙《感通茶與僧話舊》，黃元治《蕩山志略》卷下，國家圖書館藏清抄本。）

嶽麓蒼山半，波濤黑水分。傳燈留聖製，演梵聽華雲。壁古仙苔見，泉香瑞草聞。花宮三十六，一一遠人群。（明·楊慎《感通寺》，黃元治《蕩山志略》卷下，國家圖書館藏清抄本。）

君不見，蒼峰缺一胡為乎，只為天炎雪不枯。莫怪一方有冷癖，萬里遙來宦葉榆。葉榆六月暑猶酷，幸有積雪與人沽。每日退食無一事，旋在樹下支風爐。買雪必買太古雪，其雪潔白無點污。雪爽不得茶來點，誰識江南佳趣殊。江南清客手親製，留與高雅不時需。一兩二兩安敢望，得將撮爾勝醍醐

〔註11〕劉維，明萬曆間雲南巡按，與李元陽同遊感通寺後，撰《感通寺寒泉亭記》。
〔註12〕即明太祖朱元璋。
〔註13〕李中溪即李元陽，《大理郡志》當為《大理府志》。
〔註14〕指皇帝手筆。
〔註15〕此為擔當吟詠感通禪茶。擔當早年出家、隱修於雞足山，晚年駐錫且圓寂於感通寺。

酬。烹之有法兼有器，然後方稱陸羽徒。勸酬只許三四座，以我參之韻更孤。先定其品後脣齒，得不一飲一嗟籲。兩巡所剩無多許，不覺傾來隻半壺。半壺半壺復半壺，何勞為我太區區。此半已是半之半，可不幾連壺也無。主人不必嘴盧都，交情若也真能淡，是水吾當飲一觚。（明‧擔當《葉榆令許思舫衙齋試茶》，《橛庵草》卷三。）

雞足山茶〔註16〕第四

余欲索燈臥，弘辨諸長老邀過西樓觀燈。燈乃閩中紗圍者，佐以柑皮小燈，或掛樹間，或浮水面，皆有熒熒明星意，惟走馬紙燈，則暗而不章也。樓下採青松毛鋪藉為茵席，去卓趺坐，前各設盒果注茶為玩，初清茶，中鹽茶，次蜜茶。〔註17〕本堂諸靜侶環坐滿室，而外客與十方諸僧不與焉。（明‧徐弘祖《徐霞客遊記‧滇遊日記六》。）

普勻，號平若，尋陽洪氏子。七歲祝髮於寂光寺，受具，承嗣於鍾靈梵庵和尚。主席斯山三十餘年，名重兩迤，門徒廣眾。於康熙辛未冬十二月初二日，在臨安大乘寺集眾傳戒畢，辭眾云：「吾今不待，爾等都來。」將衣缽付囑廣因等畢，喝一喝云：「當陽一喝出凡塵，任運逍遙撒手行。吩咐精勤三學者，人天相外覓無生。」吃茶一杯而化。（《雞足山寺志》卷六‧牟尼庵普勻，《中國佛寺史志彙刊》第82冊。）

採得雨前數葉，剪來卻此炎歊。自負一瓢可樂，誰云滴水難消。（明‧擔當《試茶》，《橛庵草》卷六。）

不去花前學舉觸，必先穀雨採旗槍。世人慎勿輕茶童，萬事無如水味長。（明‧擔當《題試茶圖》，《橛庵草》卷七。）

掇取溪嵐鶯嘴芽，火中生熟調丹砂。臼聲搗落三更月，空外雲英片片賒。陸羽在時鐘此好，重滅梁鴻已滅灶。誰能日啜溝中水，舌上蓮花從不到。予今行腳遇趙州，門前之水向西流。不重此茶重此水，欲覓陽羨當何求。（明‧無盡《傳衣寺同大錯和尚製茶》，《雞足山寺志》卷十。）

〔註16〕雞足山茶非獨指雞足山所產之茶。歷代以來雞足山產茶甚少，但因屬雲南禪文化的核心區域，其間禪茶品飲成風，甚至設有專門供人品飲的「茶房」。一直以來，此山所傳禪茶詩歌、公案較為豐富。
〔註17〕大理向有白族三道茶之說，宏辨「三道」次序不同於今傳「一苦二甜三回味」，蓋三道也只是概略而言，在不同地方因氣候、風俗等而見差異。

溪灣方送別，薄暮復相思。窗外松聲冷，庭前月影移。烹茶留宿火，獨坐寫新詩。欲問重遊事，春風待子期。（明‧古笑《山中送張李兩公回賓川》，《雞足山寺志》卷十。）

夕陽風色好，扶杖且閒遊。問寺知蘭若，逢僧非貫休。梅花青竹塢，松影暗山樓。茶並盧全興，徘徊月亦留。（明‧知空《晚步缽盂庵》，《雞足山寺志》卷十。）

竹林凝翠雨花飛，路轉空山客到稀。西域歸時猶有履，南宗傳後更無衣。門臨松澗濤初落，風揚茶煙露未晞。芍藥送香鸚鵡語，禪心何處不忘機。（明‧謝肇淛《傳衣寺》，《雞足山寺志》卷十。）

輕雲低向半山橫，俯瞰群峰與足平。處處泉流供洗缽，閒閒馬足踐香蘅。環穿松徑疑衣濕，嘯對山茶映目明。返轡歸途余暮景，猶聞好鳥送春聲。（明‧汪蛟《傳衣寺》，《雞足山寺志》卷十。）

橫空疊翠襯雲窩，石上惟餘虎跡多。一線緣雲回細路，千峰度雨瀉長河。經聲晝息窺僧定，茶灶煙暝聽鳥歌。牢把一筇隨去住，浮沉天地任蹉跎。（明‧曾學祖《雨後遊玩虎居》，《雞足山寺志》卷十。）

晴嵐半隱松溪，落照斜穿竹塢。林外疏鐘數聲，窗下茶煙一縷。（明‧大錯《山齋晚坐》，《雞足山寺志》卷十。）

石鼎新茸自煎，茶響松濤相亂。白鶴飛來一雙，幽事居然分半。（明‧大錯《松下煮茶》，《雞足山寺志》卷十。）

雲壑淼無極，精藍隱不知。開花迷鶴徑，飲水共龍池。唄語翻經處，茶煙入定時。高僧衣缽在，客到未云遲。（明‧如一《蘭陀寺》，《雞足山寺志》卷十。）

竹樹參差映戶幽，酒爐茶竈也風流。行人多有迷津者，莫向前溪繫釣舟。（明‧大錯《山居》，《雞足山寺志》卷十。）

六月寒生只樹林，尋幽誰問薜蘿溪。木魚聲遠傳清梵，茶灶煙濃避野禽。一徑草花添客思，半潭雲影弄秋陰。夕陽欲下不歸去，梧竹涓涓露滿襟。（明‧曾化龍《夏日獅林小憩》，《雞足山寺志》卷十。）

綠蘿隱隱見村煙，萬仞山腰一徑懸。過客不須愁道渴，煮茶僧在白雲邊。〔註18〕（清‧劉德緒《南澗茶房》，乾隆《續修蒙化直隸廳志》卷六。）

〔註18〕南澗稍離雞足山，但屬同一禪文化圈域。

太華茶〔註19〕第五

省城有太華寺茶，然出不多，不能如普洱之盛。（清·檀萃《滇海虞衡志》卷十一《志草木》。）

太華茶，出太華山，色味俱似松蘿，而性較寒。（清·雍正《雲南通志》卷二十七《物產》。）

昆明之泰華〔註20〕，其雷聲初動者，色香不下松蘿，但揉不勻細耳。（明·謝肇淛《滇略》卷三《產略》。）

太華山在雲南府西，產茶，色味俱似松蘿，名曰太華茶。（清·汪灝等《御定佩文齋廣群芳譜》卷十八《茶譜》。）

楚之產曰寶慶，滇之產曰五華〔註21〕，此皆表表有名，猶在雁茶之上。（明·許次紓《茶疏》之產茶。）

初八日，與嚴君同至方丈叩體空。由方丈南側門入幽徑，遊禾木亭。亭當坡間，林巒環映，東對峽隙，滇池一杯，浮白於前，境甚疏寬，有雲林筆意。亭以茅覆，窗檻潔淨。中有蘭二本〔註22〕，各大叢合抱：一為春蘭，止透二挺；一為冬蘭，花發十穗，穗長二尺，一穗二十餘花。花大如萱，乃赭斑之色，而形則與蘭無異。葉比建蘭闊而柔，磅礴四垂。穗長出葉上，而花大枝重，亦交垂於旁。其香盈滿亭中，開亭而入，如到眾香國中也。三人者，各當窗一隙，踞窗檻坐。侍者進茶，乃太華之精者。茶列而蘭幽，一時清供，得未曾有。〔註23〕（明·徐弘祖《徐霞客遊記·滇遊日記四》。）

過一村，已昏黑。又下二里，而宿於高簡槽。店主老人梅姓，頗能慰客，特煎太華茶飲予。（明·徐弘祖《徐霞客遊記·滇遊日記十二》。）

〔註19〕當前茶學界對「太華茶」產地爭論較大。因昆明西山古稱、別稱太華山，山上有太華寺，明代太華山上此寺最大，且徐霞客在山中筇竹寺飲寺僧「太華茶」，故大多數人認為「太華茶」產於昆明太華山。另因徐霞客從順寧府（臨滄鳳慶）往昆明途中得飲「太華茶」，也有人推測所謂「太華茶」產於鳳慶。本文傾向於前者。

〔註20〕「泰華」即「太華」。

〔註21〕考昆明有五華山，明朝曾建有五華寺，歷代卻極少見「五華茶」記錄。有明一代，在全國最為著名的雲南茶是太華茶、感通茶、普茶（普洱茶），許次紓《茶疏》所記「五華茶」，極有可能是「太華茶」之誤。

〔註22〕本：叢，株。

〔註23〕此為徐霞客訪遊昆明西山筇竹寺。

太平茶〔註24〕第六

　　鬱密山，在郡城西南三十里外，幽深高曠，松柏陰翳，元、明時土酋馳騁其間，俗呼駔馬場。順治己亥，郡守米公始改今名。楚僧洪鑒來此，坐枯樹空身中，苦行二十餘年，漸立禪院，名太平寺，迄今百餘年來，善果疊成，規模清整，花木繁秀，為順郡禪林第一。寺旁多別院，亦皆靜雅。其岩谷間，偶產有茶，即名太平茶，味淡而微香，較普洱茶質稍細，色亦清。鄰郡多購覓者，每歲所產只數十斤，不可多得。僧房之左有清泉一股，石上橫流，潺湲可聽，鑿池貯水，汲烹新茗，尤助清香。三楚陳君鳳鳴，以篆書題寺樓一聯曰「門開紅葉林間寺，泉煮青山石上池」，景真而句佳，余每於公暇，輕騎往遊，得浮生半日閒也。（清·劉靖《順寧雜著》，一卷，清·王錫祺輯《小方壺齋輿地叢鈔》第七帙。）

　　順寧有太平茶，細潤似碧螺春，能經三瀹，猶有味也。（清·檀萃《滇海虞衡志》卷十一《志草木》。）

雪茶〔註25〕第七

　　雪茶，出滇南，色白，久則色微黃，以盞烹瀹，清香迥勝。形似蓮心，但作玉芽色耳。平萊仲云：雪茶出麗江府，屬山中雪地所產，色白，味甘，性大溫，袪寒疾如神。甘苦性溫，治胃氣積痛，療病如神。（敏按：雪茶出雲南永善縣，其地山高積雪，入夏不消，雪中生此，本非茶類，乃天生一種草芽。土人採得炒焙，以其似茶，故名，其色白，故曰雪茶。）己亥臘過餘杭，往訪劉挹清少府。愛雪茶，云帶自雲南。茶片皆作筒子，如蜜筒菊蕊瓣樣。詢所主治，因言此茶大能暖胃。凡嚴寒冰凍時，啜一盞，滿腹如火。若患癆損及失血過多之人，腹胃必寒，最忌食茶，惟此茶不忌。乃相與烹瀹食之，果入腹溫暖，味亦苦洌香美，較他茶更厚。（清·趙學敏《本草綱目拾遺》卷六·木部·雪茶。）

　　雪茶，產阿墩子、奔子欄，盛雪夏融，如草，葉白色，生地無根，土人採

〔註24〕「太平茶」即太平寺及周圍所產茶。太平寺在今臨滄市鳳慶縣，即古時所謂「順寧」。

〔註25〕此中「雪茶」並非灌木、喬木科類，而是生長於海拔四千米左右的地衣類茶科植物，有白雪、紅雪二種：白雪純白如雪，多長於地、石上，亦稱地茶、太白茶；紅雪則多附生於落葉松、冷杉上，沖泡後色澤紅亮。在雲南，其主要產區是以藏傳佛教雪山文化為背景的香格里拉、麗江、怒江等地，因歷代禪人的吟詠、傳播，雪茶的「雪品」被賦予了濃重的禪心本性。

售，謂之雪茶。汁色綠，味苦性寒，能解煩渴，然多飲則腹瀉，蓋積雪寒氣所成者。〔註26〕（清‧餘慶遠《維西見聞紀‧雪茶》，一卷。）

　　雪茶，生雪山中石上，心空味苦，性寒下行。（清‧道光《雲南通志稿》卷六十九《食貨志‧物產‧麗江府》。）

　　初八日，昧爽，大把事齎冊書馳去，余遲遲起。飯而天雨霏霏。純一饋以古磁杯、薄銅鼎，並芽茶為烹瀹之具。備馬，別而下山。稍北遂折而東下，甚峻，二里，至其麓。路北有澗，自雪山東南下。〔註27〕（明‧徐弘祖《徐霞客遊記‧滇遊日記七》。）

　　雪山，一名玉龍山，其山九峰，在麗江府城西北，蒙氏僭封為北嶽。山巔積雪，經夏不消。山產茶，謂之雪茶，清苦能解煩渴。（清‧謝聖綸《黔滇志略》卷二‧麗江志‧山川。）

寶洪茶〔註28〕第八

　　去宜良縣城約十五六里，有寶洪寺，寺在江頭村後之一山上，山以寺名，曰寶洪寺山。山間種滿茶樹，高幾丈者，百年以上物也。然以高及人者為多，足見茶樹之不易長成；且不可遷動，移根必死。古人取茶茗為聘定物，即以其不可欺遷移也。山間所產之茶即名寶洪茶，在五六十年前，年僅產茶數十擔，至多亦不上百擔。惟是茶樹在山，能自生香氣，若在日落時，尤清芬幽馥，人於是時徒步登山，大覺頭腦清快，余於此亦嘗試過。山上有一大佛剎，即寶洪寺也。寺肇基於元至正間，而今之殿宇仍為明代建築物也。寺之殿宇亦甚宏深，但簷牙古樸，此則能表出四五百年之廟宇形色。（民國‧羅養儒《雲南掌故》卷十《宜良之瑣屑志》。）

〔註26〕前文趙學敏《本草綱目拾遺》中強調雪茶「暖胃除屑」，而此處餘慶遠又說雪茶吸收雪氣，性寒能致腹瀉。原因極有可能如下：第一，產地差異，例如產於石上、土上、樹上，其味、其性必然不同。第二，飲者個體生理差異，對同一種茶的覺受不一樣。

〔註27〕此事發生在麗江。純一所贈茶具極其考究精良，也是當時麗江禪茶文化流行程度的寫照。純一尋常飲者，未必是當地雪山所產，也極有可能是普洱、大理一帶傳入的其餘茶類，但因融入雪山古剎，以禪入茶，遂將此條文獻歸屬雪茶類。

〔註28〕據傳寶洪寺初建於隋唐，先後名為相國寺、報國寺。明萬曆年間，福建僧人玄興雲遊至寶洪山，重建廟宇且名之寶洪寺，後在周圍種植福建小葉種茶，盛況一時。寶洪茶是目前雲南所種植的唯一小葉種茶，因生長於海拔1850米以上，遂況味獨異，既不同其福建源頭，也不同於雲南當地大葉種茶。

寶洪茶，產北區寶洪山附近一帶，其山，宜良、路南各有分界。茶樹至高者三尺許，夏中採枝移蒔，一二年間即可採葉。清明節採者為上品，至穀雨後採者稍次，性微寒，而味清香，可除濕熱，兼能寬中潤腸，藏之愈久愈佳。(民國‧馬標、楊中潤《路南縣志》卷一‧地理物產。)

北樂山，在城北二十里，舊名播雄山，今稱寶洪山，雄踞治北，赤江環繞，上有古剎，產茶。(民國‧王槐榮、許實《宜良縣志》卷二‧地理志。)

酒闌琴罷漫思家，小坐蒲團聽落花。一曲瀟湘雲水過，見龍新水寶紅茶〔註29〕。(民國‧張充和《雲龍佛堂即事》，見白謙慎編《張充和詩書畫選》之書類。)

雀舌茶第九

佛頂山，《楚雄縣志》云：在縣西二百里瓦姑哨下，山形如佛頂，產雀舌茶，今為土人鏟盡。(清‧阮元、伊里布、王崧、李城《雲南通志稿》卷十七‧地理志三之七‧山川七。)

雀舌茶，出州西四十里鳳山，土人亦間有採之者，味雖回甘，性卻大寒。(清‧陸宗鄭、甘雨《姚州志》卷三‧物產。)

古井山泉第十

石岩井，在圓通寺內石岩下，以之烹茶，其味香美，非他泉可及。(鄒應龍、李元陽《雲南通志》卷二‧地理‧雲南府‧山川。民國二十三年重印明隆慶間本。)

淵泉，近大井，水味清美，烹茶甚佳，俗呼小井。(鄒應龍、李元陽《雲南通志》卷二‧地理‧臨安府‧山川。民國二十三年重印明隆慶間本。)

法明井，在府法明寺，有二，一在棲雲樓，一在歸休庵，水皆香美，煮茶無斁。(鄒應龍、李元陽《雲南通志》卷二‧地理‧永昌軍民府‧山川。民國二十三年重印明隆慶間本。)

城(普洱府寧洱縣)外石馬井水，無異惠泉。感通寺茶，不下天池、伏龍，特此中人不善焙製耳。徽州松蘿茶舊亦無聞，偶虎丘有一僧住松蘿庵，如虎丘法焙製，遂見嗜於天下。恨此茶不逢陸鴻漸，此茶不逢虎丘僧也。(明‧馮時可《滇行記略》。)

〔註29〕此詩約作於1939年，時張充和流寓昆明呈貢雲龍庵，後約在1979年寫成書法作品。其中「寶洪茶」寫作「寶紅茶」，當是書者未細辨之故。

鄧家龍潭，在西門城腳，泉甘美，可烹茶，往汲者頗重之。（清·陳燕、韓寶琛、李景賢《沾益州志》卷一·山川。）

孫家井，在南門外數武，泉湧不息，清冽味甘，烹茶家多取汲於此。（清·陳燕、韓寶琛、李景賢《沾益州志》卷一·山川。）

磨盤山，州北里許，俯視大液壺，上建玉皇閣，下沸清流，味甘美，堪茶泉，特乏賞鑒。（清·黃德巽、胡承灝《羅平州志》卷一·山川。）

瀘江北五里曰流泉，在北山寺左，味甚甘，春秋墓祭者，必汲水以煮茗。寺舊稱北岡華剎。（民國·丁國梁、梁家榮《續修建水縣志稿》卷一·山川。）

古泉，州舊志：在城西四里古泉寺之左，其水甘冽，鵬茗極佳。（清·陸宗鄭、甘雨《姚州志》卷十一·古蹟。）

大王廟甘泉，有上下二泉，味皆甘，上泉今架梘流關內，注之石缸，汲飲稱便。其下一泉，湧出石罅，味更清冽，煮茶為向來司署取汲之。提舉郭存莊鑿礱深廣，建亭其山，以障塵濁，匾曰羊郡甘泉。（郭存莊、趙淳《白鹽井志》·山川。）

聖泉寺。井舊志：名大王寺，在寶關門外，山麓有二井，水味甘冽，上井美於烹茶，下井利作豆腐。（清·李訓、羅其責《續修白鹽井志》卷四·寺觀。）

滇南城外石馬井泉，無異惠泉。感通寺茶，不下天池、伏龍，特此中人不善焙製耳。徽州松蘿，舊亦無聞，偶虎丘一僧往松蘿庵，如虎丘法焙製，遂見嗜於天下。恨此泉不逢陸鴻漸，此茶不逢虎丘僧也。（馮時可《滇行記略》。）

51 謝新茶狀

〔新羅〕崔致遠

題解

崔致遠（857～894），字孤雲，號海雲，諡號文昌，朝鮮半島新羅國時期人。12歲赴唐朝留學，並於唐僖宗乾符元年（874）考取進士，先出任溧水縣尉，後為淮南節度使高駢聘之幕府都統巡官。唐僖宗中和四年（884）歸新羅並出任要職。其人留唐十六年，漢文化水平極高，有著作《桂苑筆耕集》。《謝新茶狀》即錄於《桂苑筆耕錄》卷十八，見商務印書館1935年版。在朝鮮國歷史上，崔致遠是首位留有個人文集的學者，一向被南北朝鮮尊為「東國儒宗」「東國文學之祖」。同時，崔致遠也是較早推動朝鮮半島學習茶文化之人。此文較為短小，但因乃由新羅學者所作，體現著韓朝早期茶道源頭，而且從「烹綠乳於金鼎，泛香膏於玉甌」「若非精揖禪翁，即是閒邀羽客」等表述也可看出，崔致遠對禪法及茶道的理解同樣精到，故可將之作為瞭解韓朝茶文化的重要材料之一。

狀文

右某。今日中軍使俞公楚〔註1〕，奉傳處分，送前件茶芽者，伏以蜀岡〔註2〕養秀，隨苑騰芳。始興採擷之功，方就精華之味。所宜烹綠乳於金鼎，泛香膏於玉甌。若非精揖禪翁，即是閒邀羽客。〔註3〕豈期仙貺〔註4〕，猥

〔註1〕俞公楚，淮南節度使高駢的部將，贈茶給崔致遠。
〔註2〕揚州蜀岡茶，當時屬貢茶。
〔註3〕突出此茶乃迎奉禪客、仙家之絕品。
〔註4〕貺〔kuàng〕：贈送。

及凡儒。不假梅林，自能愈渴。免求萱草，始得忘憂。下情無任感恩惶懼，激切之至，謹狀。陳謝，謹狀。〔註5〕

〔註5〕詳見崔致遠：《桂苑筆耕集》卷十八，王雲五主編，商務印書館，民國 24〔1935〕出版，第三冊第 182 頁。

52 東茶記

〔韓〕丁若鏞

題解

　　丁若鏞（1762～1836），號茶山，朝鮮王朝中期官員，生於現南揚州市。乃朝鮮學問大家，朝鮮「實學」的提倡和踐行者，有巨著《與猶堂集》。曾任金井察訪、兵曹參議、左副承旨、谷山府使、檢閱、弘文館修撰、京畿道暗行御史等官職，又數度被貶、流放，「茶山」即所流放地之自況。所著《東茶記》被視為韓國第一部茶書，原本不存，《與猶堂集》中也不見收錄，此處所錄傳為清光緒年間抄本。雖此抄本後有「蓮潭後人法真謹跋」敘說見此書、抄此書之經過。但目前來看，因無原本或相關文獻對比，實無法肯定此處《東茶記》是否為真正意義上的《東茶記》乃至其殘本抄本。不過，考其內容，亦較為符合丁若鏞的身份、風格，況且文中也標明是「我東」（朝鮮）之作，故將之輯錄於此，略作參考。至於其禪茶價值，跋文所說極為中肯：「至若東國，則中間草衣大師，繼振趙州之玄風，於之自得妙理，兼述頌，世稱草衣。宰官莫健羨此頌矣。草衣趙州，古今雖殊，法無先後於斯可量。蓋之為物，能除睡魔，能治百病。除魔治病，則禪者禪，讀者讀。」實可見韓國茶道之思想底色。

記文

　　布帛菽粟土地之所生，而自有常數者也，不在於官，必在於民。少取則國用不足，多取則民生倒懸。金銀珠玉，山澤之所產，而孕於厥初，有減而無增者也。觀於秦漢賞賜黃金，率以百千斤為概。至於宋明之際，白金以兩討。古今之貧富於斯見矣。今有非布帛菽粟之為民所天，金銀珠玉之為國所富，

得於荒園隙地，自開自落之間。草木可以禪國家，裕民生。則何可以事在財利，而莫之言也。

茶者，南方之嘉木也，花於秋而芽於冬。芽之嫩者曰雀舌、鳥嘴，其老者曰茗、蔎、檟、荈。著於神農，例於周官，降自魏秦浸盛，歷唐至宋，人巧漸臻。天下之味莫尚焉，而天下亦無不飲茶之國。北虜最遠於茶鄉，嗜茶者無如北虜。以其長時餧〔註1〕肉，背熱不堪故也。由是宋之撫遼夏，明之撫三關，皆以是而為之餌。我東產茶之邑，遍於湖嶺栽。中國之茶，生於越絕島萬里之外，然猶取而富國禦戎之貨。我東則產於笆籬階，而視若土灰無用之物，並與其名而忘之。作《茶說》一篇，條例茶事於左，以為當局者建白措施之云爾。〔註2〕

茶有雨前雨後之名，雨前者雀舌是已，雨後者即茗蔎也。茶之為物，早芽而晚茁。故穀雨時茶葉未長，須至小滿芒種方能茁大。蓋自臘後至雨前，自雨後至芒種皆可採取。或以葉之大小，為真贗至別者，豈九方〔註3〕相馬之偏也！

茶有一槍一旗之稱，槍則枝而旗則葉也。苦謂一葉之外不堪採。則荊州玉泉寺茶，以大如掌為稀奇之物。凡草木之始生一葉，大於一葉漸成其大，豈有一葉頓長如掌乎？且見舶茶莖，有數寸長葉，有四五連綴者。蓋一槍者謂初茁；一槍一旗者，謂一枝之葉也。此後枝上生枝，則始不堪用矣。

茶有苦口師、晚甘候之號。又有以天下甘者，無如茶謂甘草。茶之苦，則夫人皆能言之。茶之甘，則謂嗜之者之說。近因採取徧嘗諸葉，獨茶以舌舐之，有苦淡蜜水漬遇者。始信古人命物之意，非苟肬也。茶是冬青，十月間液氣方盛，將以禦冬，故葉面之甘尤。然意欲此時採取煎膏，不拘雨前雨後。而未果然煎膏，實東人之臆料硬做者，味苦只堪藥用矣。（倭國香茶膏當以別論，我東所造最鹵莽。）

古人云：「墨色須黑，茶色須白。」色之白者，蓋謂餅茶之入香藥造成者。月兔龍鳳團之屬是也，宋之諸賢所賦餅茶。而玉川七椀，則乃葉茶。葉茶之功效已大，餅茶不過以味香為勝。且前丁後蔡以此招譏，則不必求其法，而造成者也。

〔註1〕餧〔wèi〕，同「喂」，引申為「食」「吃」。
〔註2〕提倡將東國之茶上升為利於民生，增強國力之貨。
〔註3〕九方皋。

茶之味，黃魯直《詠茶詞》〔註4〕可謂盡之矣。餅茶以香藥合成後，用渠輪研末入湯。另是一味，似非葉茶之比。然玉川子，兩腋習習清風生，則何嘗用香藥助味哉！唐人亦有用薑鹽者，坡公所哂。而向時一貴家宴席，用蜜和茶而進，一席讚頌不容口。真所謂鄉態沃蜜者也，正堪撥去吳中守陸子羽祠堂。

茶之效，或疑東茶不及越產。以余觀之，色香氣味少無差異。茶書云：六安茶以味勝，蒙山茶以藥勝。東茶蓋兼之矣。若有李贊皇〔註5〕陸子羽，其人則必以余言為然也。

余於癸亥春，過尚古堂，飲遼陽士人任某所寄茶。而葉小無槍，想是樵所謂聞雷而採者也。時方春三月，庭花未謝，主人設席，松下相對，傍置茶爐，爐罐皆古董彝器。各盡一杯，適有老傔患感者，主人命飲數杯，曰：「是可以療感氣去。」今四十餘年其後，舶茶來人又以泄痢之當劑。今余所採者，非但徧〔註6〕試寒暑感氣，食滯、酒肉、毒胸、腹痛皆效。泄痢澀欲成淋者之有效，則以其利水道故也。疾瘧者之無頭疼有時截愈，則以其清頭目故也。最後病癘者初一二日熱，啜數椀而病遂已。病癘日久而不得發汗者，飲輒得汗，則古今人之所未論，而余所親驗者也。〔註7〕

余傾濁酒數杯後，見傍有冷茶，漫飲半杯，入睡，痰即盛，唾出，十餘日始瘳。益信冷則反能聚痰之說。聞漂人來到也，於瓶中瀉出勸客，豈非冷者耶？又聞北譯徐宗望之食兒豬炙也，一手持小壺且啖且飲，必是冷茶也。想食熱之後，冷亦不能作祟。

茶能使人小睡，惑終夜不得交睫。讀書者，勤紡績者，飲之可謂一助。禪定者，亦不可小是。

茶之生，多在山中多石處。聞嶺南則家邊竹林，處處有之。竹間之茶尤有效，亦可於節晚後採得，以其不見日故也。

茶之採，宜於雨余，以其嫩淨故也。坡詩云：「細雨足時茶戶喜。」按《文獻通考》，採茶之時，縣官親自入山，使民之老幼男女，遍山披求採綴。蒸焙先以首採，而精者為貢茶，其次為官茶，餘則許民自取。蓋茶利甚大，有關國家如此。

〔註4〕尤其是《一斛珠·茶》《品令·茶》。
〔註5〕即李德裕。
〔註6〕徧〔biàn〕，同「遍」。
〔註7〕吃茶治病，多在茶勁、熱水、毛孔開散、身心鬆弛，不可一概以茶為藥。

　　茶書又有「片甲者早春黃茶」。而舶茶之來，舉國稱以黃茶。然其槍旗已長，決非早春採者。未知當時漂來人果得傳名如此否？有自黑山來者言：「丁酉冬，漂海人指兒茶樹謂之黃茶云。」兒茶者（俗謂兒求茶），圻內所謂黃梅也。黃梅花黃，先杜鵑發，葉有三角，如山字形，有三筋，莖葉皆帶薑味。峽人之入山也，包飽而食，各邑取其嫩枝煎烹，以待使客。且其枝截取，二握為主，材如藥煎服，則感氣傷寒及無名之疾。彌留樹日者，無不發汗神效。豈亦一種別茶耶！〔註8〕

跋文

　　光緒十七年辛卯夏，余在頭侖山中，得此經閱之，即大唐諸賢家各得玄玄妙妙之所述作。至若東國，則中間草衣大師，繼振趙州之玄風，於之自得妙理，兼述頌，世稱草衣。宰官莫健羨此，頌矣：「草衣趙州，古今雖殊，法無先後，於斯可量。蓋之為物，能除睡魔，能治百病。」除魔治病，則禪者禪，讀者讀。種種世間事，豈好哉！真是究竟成就，百法之妙嘉藥也。然而此經行道家之案目，於世未數有。故流月念二日，仍命四友揮膽。越七日，巳時放兔〔註9〕，自記卷尾。

蓮潭後人法真謹跋

〔註 8〕現今韓國茶中，許多所謂「茶」者，並非茶葉意義上的茶，而是「飲品」之
　　　　義。此中所謂「豈亦一種別茶耶」，或許已見端倪。

〔註 9〕「放兔」疑有誤，然暫無他本校訂。

53 東茶簡說

〔朝鮮〕李能和

題解

　　「東茶」指朝鮮茶，朝鮮半島位於中國之東，古人多稱朝鮮為「東國」，「東茶」即指朝鮮茶。此文錄於李能和《朝鮮佛教通史》下編，見《大藏經補編》第 31 冊。李能和（1869～1943），是朝鮮近代史上的著名學者，忠清北道人，字子賢，號尚玄、無能居士，精通漢學。此文本為泛論，但涉及中國茶道傳往朝鮮、日本之論述，而且稍有中日朝茶道之比較。再者，所引用的史料與禪茶關係甚為緊密，較為珍貴，是對中日韓禪茶的某些初步瞭解。故予錄之，並名之為《東茶簡說》。

正文

　　古人云：「菊，花之隱逸者也。牡丹，花之富貴者也。蓮，花之君子者也。」〔註1〕今余則云：「芝，草之神仙者也。蘭，草之隱逸者也。茶，草之賢聖（即禪）〔註2〕者也。以有玄微之道，清和之德故。」

　　支那唐時，趙州從諗禪師，尋常接人，輒云吃茶去。自爾，趙州茶盛稱於世。茶之一道，遂屬於禪也。

　　按：朝鮮之茶，自唐來。（《新羅史云》：興德王三年戊申，唐文宗太和二年，入唐

〔註1〕周敦頤《愛蓮說》。

〔註2〕直接將茶當做草之聖賢、乃至禪，實在是前所未聞的高度。歷代茶人，尤其是文士禪人之類，已經形成了凡行住坐臥、吃喝拉撒均以道觀之的習慣性。當時朝鮮對儒、禪極為推崇，極力引入儒、禪，由此觀念也屬正常，也直接為茶道提供了本體論意義上的依據。

使大廉，得茶種來，王命植智異山。）日本之茶，自宋來。（按：《日本佛教史》「後鳥羽天皇文治三年。宋淳熙十四年，沙門榮西，再入宋，承臨濟正宗。建久三年，宋紹熙三年，歸朝弘布，是為日本禪宗之開祖。榮西自宋，持來茶種，種於築前背振山後。栂尾明惠，將背振山之茶，分種栂尾及宇治，且創製茶之法」云云。又千利休禪師為日本茶道之元祖云云。日本茶道，京都最盛。京都之人，凡開茶會，必須張掛大德寺管長之手澤，然後方為盡其趣。日本茶道，亦屬於禪也。）〔註 3〕

　　雖然，日本茶，今盛行，而朝鮮茶，無聞焉。以朝鮮水土甲於天下，不須茗飲故也。近世，洌水丁若鏞，謫居康津，著有《東茶記》，又自號茶山。蓋於茶道，有深造焉。

　　又大芚寺草衣意恂禪師，有茶詩及《東茶頌》備述茶之為德。按茶頌注：「智異山花開洞，茶樹羅生四五十里，東土茶田之廣，料無過此者。洞有玉浮臺，臺下有七佛禪院，坐禪者常取煮飲」。又頌云：「東土所產元相同，色香氣味論一功。陸安之味蒙山藥，古人高判兼兩宗。」（注云：《東茶記》云：或疑東茶之效，不及越產。以余觀之，色香氣味，少無差異。茶書云：陸安茶以味勝，蒙山茶以藥勝，東茶蓋兼之矣。若有李贊皇、陸子羽，其人必以余言為然也。）

　　又云：「波盡瀼瀼清夜露，三昧手中上奇芬。」（注云：茶書云：採茶之候，貴及時。太早則茶不全，太遲則神散。以穀雨前五日為上，後五日次之。然驗之東茶，穀雨前後太早，當以立夏前後為及時也。其採法，微夜無雲浥露採者為上，日中採者次之，陰雨下不宜採。東坡《送謙師詩》：「道人晚出三屏山，來試點茶三昧手。」）

　　又草衣禪師，奉和山泉道人謝茶之作云：「古來賢聖俱愛茶，茶如君子性無邪。人間草茶差嘗盡，遠入雪嶺採露芽。法制從他受題品，玉壇盛裏十樣錦。水尋黃河最上源，具含八德美更甚。深汲輕軟一試來，真精適和體神開。麤穢除盡精氣入，大道得成何遠哉。持歸靈山獻諸佛，煎點更細考梵律。閼伽（梵語閼伽華言茶。）真體窮妙源，妙源無著波羅蜜。（《大般若經》云：於一切處，無所執著，故名波羅蜜。）嗟我生後三千年，潮音渺渺隔先天。妙源欲問無所得，長恨不生泥洹前。（泥洹，涅槃義同。）從來未能洗茶愛，持歸東土笑自隘。錦纏玉壇解斜封，先向知己修檀稅。」

　　又申承旨白坡居士，題東茶頌云：「草衣新試綠香煙，禽舌初纖穀雨前。莫數丹山雲澗月，滿鍾雷笑可延年。」〔註 4〕

〔註 3〕考朝、日之茶道源流。認為朝先於日引入茶道。
〔註 4〕大致梳理出了朝鮮禪茶的主要線索：丁若鏞──草衣──白坡。

　　由是觀之，唐茶之種，猶自繁延於智異山。而知茶道者，惟禪眾耳。

〔註5〕（尚玄曰：朝鮮之長白山，出茶，名曰白山茶。乾隆時清人採貢，宮庭為御用之茶。金海白月山有竹露茶，世傳首露王妃許氏，自印度持來之茶種云。濟州島，出橘花茶，味甘而香。已上三種茶，皆屬名產貴品而人罕知之。）

〔註5〕茶作為飲品，日常百姓家也極普遍，但說將茶抽象為茶道，而且開發出以茶
　　　　為媒介的修道方式，顯然就是禪者（還有儒家、道家）一類的「修士」才可
　　　　能做到的。